我们一起解决问题

数智经济生态圈

丁荣余 卜安洵 ◎ 著

人民邮电出版社

北　京

图书在版编目（CIP）数据

数智经济生态圈 / 丁荣余，卜安洵著. -- 北京：
人民邮电出版社，2022.4
ISBN 978-7-115-58879-1

Ⅰ．①数… Ⅱ．①丁… ②卜… Ⅲ．①信息经济—研
究 Ⅳ．①F49

中国版本图书馆CIP数据核字(2022)第040562号

内 容 提 要

当前，以大数据、云计算、人工智能、区块链、工业互联网等为代表的新兴技术日益
融入经济社会发展各个领域，数字经济已经进入数智经济的发展新阶段。为了促进区域及
国民经济高质量持续发展，很有必要系统地梳理数智经济的本质、演进过程、发展战略及
典型实践案例等。

本书比较全面地研究和阐述了数智经济的理论体系、产业模型和发展方略，共分为6
章。第1章简要分析了数智经济发展新动向；第2章深入研究了数智经济的本质、演进过
程和演进机理，第3章提出了数智经济的平台、智能、生态三大基础战略，并以江苏经济
为样本提出了数智经济战略目标体系；第4章提出了江苏经济发展的全新定位、要素及结
构创新；第5章从组织、人才、资本、政策、认知等角度提出了相关保障措施和协同机
制；第6章介绍了江苏发展数智经济的市区级和企业级优秀案例。

本书可以作为相关区域及行业参与数字经济建设的政府部门、事业单位、企业的管理
者和决策者的参考读物，也可供围绕数字化、网络化、智能化开展教育、培训、研究、咨
询服务的各类机构的从业人员阅读。

◆ 著 丁荣余 卜安洵
责任编辑 陈 宏
责任印制 彭志环

◆ 人民邮电出版社出版发行　　北京市丰台区成寿寺路 11 号
邮编 100164　　电子邮件 315@ptpress.com.cn
网址 https://www.ptpress.com.cn
涿州市般润文化传播有限公司印刷

◆ 开本：700×1000　1/16
印张：15　　　　　　　　　　2022 年 4 月第 1 版
字数：200 千字　　　　　　　2025 年 8 月河北第 6 次印刷

定 价：69.80 元
读者服务热线：（010）81055656　印装质量热线：（010）81055316
反盗版热线：（010）81055315

序一

　　世界经济加速向以数字智能、网络信息技术产业为重要内容的经济形态转变。信息化、数字化、智能化、网络化发展，改变了我们的生产生活方式，改变了我们的世界。万物互联成为可能，数字技术赋能高质量发展。

　　数字技术正深刻地影响着经济社会全方位的变革和发展，数字技术、互联网与实体经济加速深度融合，有效地推动了传统产业的数字化、智能化发展，以及数字装备、智能装备、智能产品等数字产业的发展。

　　习近平总书记曾在不同的场合强调，"发展数字经济意义重大，是把握新一轮科技革命和产业变革新机遇的战略选择"，"做大做强数字经济，拓展经济发展新空间"。

　　当前，无论是国内外高校、科研院所还是政府、企业，都在高度关注数字技术、智能技术的创新发展与工程应用，产业数字化和数字产业化的发展，数字化、智能化、网络化设计与制造的一体化发展，生产装备与制造车间的数字化、智能化系统集成发展，以及制造业的服务化、定制化、平台化发展。

　　为了进一步洞察数字经济发展趋势，抢抓数字经济发展机遇，提升区域经济的竞争力，《数智经济生态圈》分析了数字经济发展中需要解决的问题和未来发展新动向、新趋势，提出了数字技术、数字经济的未来发展建议、发展策略与保障举措，并列举了相关市区和企业的数字经济实践典型案例。

从整体上、模式上思考并规划未来数字产业发展，对如何更好地发展数字技术、数字经济具有理论认识和实践指导意义。让我们完整、准确、全面地贯彻新发展理念，更加关注、重视并创新实践数字技术和智能技术，大力推进数字制造、智能制造和网络制造，推进相关产业与制造业深度融合发展，坚定不移地建设制造强国，不断满足人民对美好生活的向往，为建设社会主义现代化强国贡献更多的智慧与力量。

中国工程院院士、南京航空航天大学校长

单忠德

于 2022 年 3 月 9 日

二是对产业链数字化的研究很多，但将产业链升级到产业生态并关注数字化后的产业生态体系的研究很少。我们提出"产业生态圈"这个概念，并以此建立产业政策和产业创新的新模型。

三是对产业数字化和国家数字化这两个层面的研究较多，但对区域数字化这个中间层的研究较少。但是，以区域性的规划和政策举措促进数字经济发展是当前国内地方经济的新主题。我们以产业大省江苏为样本，全面解读"数智化＋生态圈"新模式下的区域经济发展战略目标、重要路径和策略措施；通过江苏样本，为长三角地区及其他区域数智经济可持续、高质量发展提供决策参考。

本书共分为6章，下面介绍各章的具体内容。

第1章是大势解读。本章简要分析了全球数智经济发展新动向、我国数智经济大部署和重点区域新进展，重点介绍了国内各地出现的数智经济的生态性特征。值得强调的是，在1.3节，我们提出了从数字经济跨越到数智经济的特征：数字应用从单一到统合，数字技术从单维到全维，数字产业从产业链到圈层。然后，我们从数字经济发展的全局扫描中，识别出数智经济已经进入生态化发展阶段的四个新现象：产品分形，智能化应用生态渐成日常；企业破圈，数智化经营生态崭露头角；产业跨界，数智化市场生态初现端倪；区域融合，数智化社会生态正在探路。读者可以对照自己发现的相关样本和案例，进一步理解数智化和生态化这两个新的进化特征。

第2章是原理洞察。本章在数字经济已有研究成果的基础上，通过研究角度和分析方法的创新形成了新的理论成果。我们在重新提炼数智经济的本质和特征的基础上，提出了数智经济的演进过程，包括端点期（小数据数字时代）、联网期（中数据联网时代）和智能期（大数据智能时代）。在进一步研究数智经济的演进机理后，我们创造性地提出了数智经济的四大超级红利——网络协同、在线即时、机器智能和混合体验。最后，我们提出了数智时代的三大生态思维——利众思维、创见思维和共生思维。这些内容不仅对政府决策者有用，而且对企业家数字领导力和公民数字素养的

前言

数字经济在今天已是一门显学，正全面深入地影响着经济社会的运行和发展，但有关数字化和数字经济的研究，尚未形成系统的概念和理论体系，很多实践中出现的现象和问题还一时难以从理论上进行概括和提炼，例如，数字要素的作用如何放在经济理论体系中进行分析。当前，无论企业、产业还是政府，都在数字化转型和数字经济建设中投入了巨大的热情和巨量的资源。科技进步与市场创新日新月异，保证各级决策者在认知上与时俱进已经成为数字经济高效稳健发展的当务之急。在全民数字化热潮中，有一个特殊主体应发挥十分关键的支撑和主导作用，那就是地方政府。目前，对于区域数字经济的研究、规划和建设可谓精彩纷呈，但几乎没有系统性的研究成果予以决策支持。

为此，我们花了近两年的时间，对区域数字经济的发展规律和实践模式做了深入研究。我们的目标是较为全面地研究和阐述数智经济的理论体系、产业模型和发展方略，并重点解决以下问题。

一是围绕数字经济的研究很多，但将数字经济明确提升到以智能经济为主的系统化研究才刚刚开始。我们用数智经济替代数字经济，更加鲜明地强调当前数字经济的发展已经进入以智能化为主诉求和主特征的新阶段。

序二

    2022 年 1 月 12 日国务院发布的《"十四五"数字经济发展规划》将"数字经济"定义为"继农业经济、工业经济之后的主要经济形态,是以数据资源为关键要素,以现代信息网络为主要载体,以信息通信技术融合应用、全要素数字化转型为重要推动力,促进公平与效率更加统一的新经济形态"。这是继 2016 年杭州 G20 峰会通过《G20 数字经济发展与合作倡议》首次定义数字经济和 2021 年 5 月国家统计局通过《数字经济及其核心产业统计分类(2021)》调整数字经济的定义之后,由官方发布的数字经济的最新定义。在这个关于数字经济的最新定义中,我认为最重要的变化是第一句,即"继农业经济、工业经济之后的主要经济形态",这句话就把数字经济的历史高度界定清楚了。数字经济不是工业化的更高形态,不是信息化的延续阶段,而是一个全新的大时代。

    数字化不仅是工具革命,更是能力革命。无论是对区域、城市来说还是对企业来说,数字能力都已经变成核心能力。能否及时掌握数字能力,往往取决于你是否建立了数字思维。丁荣余和卜安洵两位撰写的《数智经济生态圈》一书从一个省市区域发展数字经济的视角,提出了宏观经济决策部门需要建构什么样的数字思维和数字能力。在这本书中,对数字经济的研究不再停留于表面化的解读上。本书的前半部分深入本质，深入探寻数字经济的本质特征、发展规律和基础效应，形成了许多独到的洞见和理论成果。本书的后半部分围绕省市区域数字经济发展，提出了系统性的战略举措，既有顶层设计的高度，又有跨界破局的新意。本书把数字经济上升到数智经济更凸显了人工智能在数字经济新时代的特殊意义，书中提出的数字经济"三个阶段""四大效应""三大战略"和"五层生态"等新概念，既对指导区域及企业的数字经济实践有精准的指导价值，也对学术界和教育界深化数字经济研究有难得的参考价值。

我多年在江苏省综合经济部门任职，深感一省经济发展的重要和不易。今天，数字化和数字经济给了我们最大的新机遇，我们的新使命就是以全面数字化引领江苏基本现代化。江苏在发展过程中要紧抓人工智能和区块链两大核心，从而形成比较竞争优势。在大力发展数字经济的过程中，数据、人才、机制三大难题也亟待破题。在机制上，江苏要进行制度创新，允许试错，打破信息孤岛，促进数据流动、共享等。在人才上，江苏各方面要致力于打造一支有数字素养和数字能力的人才队伍，实现全员数字化。

近年来，我走访了很多企业。企业在数字化转型中最大的痛点是"三缺"。一是缺数据，智能的核心是数据，"无数不智"，数据是智能化的原材料，没有数据就无法推进智能化。二是缺连接，如果数据和产品之间没有连接，就会形成数据孤岛。三是缺人才，不懂数据和智能，企业就很难进一步发展。可喜的是，我也看到很多江苏企业在数字化浪潮中后起直追，逐步形成了自己的数字化能力，收获了数字红利。

今天，我认为大家要关注元宇宙。元宇宙是数字经济的高级形态，代表市场的未来甚至人类的未来。它不是虚拟世界，也不是平行宇宙，而是数字与现实的融合世界。元宇宙由数字化身、数字产品、数字资产、数字市场和数字货币构成，可以应用于百业千行。

我与本书作者丁荣余、卜安洵相识多年，在数字经济的研究和实践中也经常和他们交流互动。这次《数智经济生态圈》的及时出版，是值得庆贺和大加赞誉的。借此机会，我也呼吁更多的理论研究者、企业实践者及经济决策者加入对数字经济的研究和实践，形成各界协同、全民共创的新生态。

南京大学教授、江苏省发改委原主任、江苏沿海开发研究院首席专家
钱志新
于 2022 年 3 月 5 日

形成很有帮助。

第 3 章是战略构想。我们在业内首次完整地提出了数智经济的三大基础战略。首先是平台战略，它是对职能化和流程化的扬弃。我们提出了支撑平台战略的三个要素：一是技术筑底，从桌面操作系统到城市操作系统；二是资源共享，万物互联之后资源集成互用；三是规则共治，协作生态之间的主体平等自律。其次是智能战略，它是对知识化和经验化的扬弃。智能战略有三个关键认知：一是数据是认知范式的革命，二是算力是人脑范式的革命，三是算法是知识范式的革命。最后是生态战略，它是对竞争模式和联盟模式的扬弃。生态战略有三个关键要求：一是放大正和博弈，二是构建自治系统，三是打通内外循环。我们认为，如果这些战略得以贯彻，各区域的数字经济规划和立法就有可能提升到一个更高的层次。在本书中，我们将三大战略与江苏数字化发展相结合，提出了江苏数字经济生态圈发展的总目标和子目标。其中七个子目标的概念构建值得各地参考。

第 4 章是创新路径。本章是指导区域数字经济规划发展的重要内容，我们系统地提出了省域经济发展在数智时代的全新定位、要素和结构创新，以及关键领域的突破措施。

在 4.1 节中，我们提出要重新定位产业分工，打造新型产业生态。从产业链到产业生态是本书的一个重要命题，我们认为在数字技术的驱动下，出现了底层共享、中层互联和表层互通，因而产业形态从产业链转向产业云，市场形成统一的大系统、大生态。其中，原先内部垂直、外部平行的不同产业链结构转化为整体垂直、内部整合不同的产业圈层结构，形成了新型产业生态体。而一个区域经济体的生态可分为五层——基础技术层、基础设施层、应用平台层、创新服务层和价值复制层。因此，对一个省市域或一个市场区域来说，基于具体的产业或产业链来分析经济结构和制定产业政策已经明显不符合新的数智经济发展特性。我们要跳出传统的产业链思维，建构新的市场结构图景，以此规划新的经济发展战略。

在 4.2 节中，我们提出要重新创立要素优势，拉升数字经济势能。我们认为数智经济的新要素共有六个——数据、算法、算力、人才、资本和基础设施。对于不同的经济体，这六大要素决定了发展数智经济的资源和能力。因此，数智经济发展规划的第二步是围绕六大要素形成自己的评估和规划及实现规划的策略。

在 4.3 节中，我们提出要融合发展平台经济，形成区域一体联动。也就是说，将区域经济视为一个超级经济体，以经营视角建立整体化的运营体系。例如，可以将全体企业为主的市场主体作为全省经济的前台，将政府、事业单位、国有科研及服务机构、公益性国企等作为全省经济的后台，同时创建承接后台、支持和响应前台的全省经济中台。我们围绕"三台"创建提出了许多可操作的策略，这些策略对各地发展数智经济有很大的参考价值。

在 4.4 节中，我们提出要突破关键领域瓶颈，创新技术应用实践。我们分析并梳理了各地发展数智经济面临的六个关键瓶颈，并分别提出了对策——数据公器化、数据资源资本化、身份可信化、商业透明化、安防融合化和生态全息化。这些分析有助于对当前数字化发展中的热点和焦点问题的认识和应对，有显著的参考价值。

第 5 章是系统协同。发展数智经济是一个地区重大的经济部署之一，我们从组织、人才、投资、政策、认知等维度提出相关保障措施和协同机制。对于组织保障，我们认为顶层设计、全民参与很重要；对于人才保障，我们提出要对数字化人才进行新的界定，辅以新的招引用机制；对于投资保障，我们提出要重视新的投资主体，确定新的投资方向，并用活资产数字化和证券化的创新方式；对于政策保障，我们提出了数据产权超级计划、数字货币超级市场、智能合约超级公链和家庭法人超级实验，这些创新举措目前仍未出现，但我们认为它们对区域经济的发展极具突破性意义；对于认知保障，我们提出了普及数字教育、提升数字素养的操作建议。

第 6 章是生态实践案例。我们精选了江苏发展数智经济的市区级和企业级优秀案例。这些案例比较系统，内容翔实。细心的读者可以从中找到这些地区的数智经济发展模式和这些企业的数智化转型路径。

本书无疑是面向决策者的，特别是省、市等地方政府各部门、各层级的决策者。同时，这本书对致力于产业生态构建和运营的行业龙头企业、创新型引领企业的决策层、管理层和相关岗位人员也有一定的指导价值。我们还希望本书能给围绕数字化、网络化、智能化从事教育、研究、培训、咨询服务的各类企事业单位的从业人员带来一定的启发。

学以致用，知以促行。正如习近平总书记指出的，数字技术、数字经济可以推动各类资源要素快捷流动、各类市场主体加速融合，帮助市场主体重构组织模式，实现跨界发展，打破时空限制，延伸产业链条，畅通国内外经济循环。我们做研究不仅是为了学问的增长，更是为了追求实践的发展。我们衷心希望本书能被当作数智经济规划和建设的决策参考，能被应用于企业和产业数智生态规划和建设的实践探索。

在长期的学习和研究过程中，一批数字经济的研究者和实践者逐步形成了一个互学相长的"数智创新联合体"团队。本书作者之一丁荣余长期在省级综合经济部门、工商联等任职，一直关注经济形势的发展和产业形态的变革，在数字经济、创新生态系统、制造业高质量发展等方面进行应用性研究，累计发表学术作品20多个（包括论文和专著）。本书的另一位作者卜安洵是大任智库创始人、江苏省数字经济联合会副会长兼秘书长，对数字经济发展模式和企业数字化转型战略有深入研究和广泛实践，成功指导了一批知名企业的数字化转型实践。

本书的构思和写作得到了江苏省发改委原主任、南京大学教授、博士生导师钱志新的特别指导，感谢他在百忙之中为本书作序。参与本书部分章节创作的有洪小娟、陈瑞义、龚跃鹏等，在此特别感谢他们的辛勤付出。参与本书研究讨论的有江苏省知识产权局的王亚利和刘宏伟，江苏省工信厅的张志平，江苏省大数据中心的徐建荣，东南大学的张向阳、岳书敬和何玉梅，杭州师范大学的卢锐等。此外，联创科技集团的孙力斌、五星控股集团的汪建国、双良集团的缪文彬、南钢集团的黄一新、安元科技的王三明等一批知名企业家也是积极参与者和创新实践者。共同的研究和探讨加深了我们对数字经济与企业转型、与产业升级、与区域经济创新之间紧密关系的理解，我们对省市域数字经济政策措施的制定和实施形成了更多的感知、分析和判断。

"数智创新联合体"团队将继续紧密结合产业体系现代化发展实践，深入探寻数智经济发展的创新特质，跟踪数智经济丰富的实践发展，面向现实，面对问题，形成更多有理论、有实感、有方法的研究成果，并将其融汇到数智经济发展大潮中。

目录

· CONTENTS ·

第 1 章　大势解读　　　　　　　　　　　　　　　◯

第 2 章	原理洞察

第 3 章　**战略构想**

第 4 章　**创新路径**　○

第 5 章	全面部署系统协同，全域保障形成合力

| 第6章 | **生态实践案例** | ◯ |

01

第 1 章

大势解读

大数据、云计算、工业互联网、人工智能（Artificial Intelligence，AI）、区块链等技术日益融入经济社会发展各领域，数字经济正成为改变全球经济结构、重组全球要素资源、改变全球竞争格局的关键力量。习近平总书记在 2021 年 10 月 18 日中共中央政治局第三十四次集体学习中强调，要把握数字经济发展趋势和规律，推动我国数字经济健康发展，充分发挥海量数据和丰富应用场景优势，促进数字技术与实体经济深度融合，赋能传统产业转型升级，催生新产业新业态新模式。发展数字经济是把握产业变革新机遇的战略选择，是新一轮科技革命的大势所趋。

1.1 数字全球风起云涌

类似于全球对资源、劳动力的竞争，数字经济产业已成为西方发达经济体的竞争焦点。数字经济起步较早的欧美国家已经进入寻求海外扩张的阶段。一方面，以美国、欧盟和日本为代表的发达经济体正在积极与其贸易伙伴合作将数字贸易规则纳入双边贸易协定，寻求建立共同的数字经济市场并实现数字经济的有效扩张；另一方面，发达经济体正在通过加入发展中经济体的数字经济市场，积极参与数字基础设施建设、数字技术发展与数字产业培育。在此过程中，美国、欧盟和日本不仅出口数字技术标准、布局数字产业核心专利，而且帮助各自的数字企业率先进入发展中经济体并占领其市场。

1.1.1 美国新布局

美国数字经济与科学技术应用增长轨迹相同，企业管理、先进制造业、产业数字化及智慧物流等领域的数字化发展迅速，例如，AI 取代人脑进行管理，工业机器人代替人力进行机械化大生产等。美国数字经济的快速发展离不开政府的政策支持，美国在 1996 年颁布《电信法案》，为互联网的普及奠定了基础。《下一代网络研究计划》的出台提升了美国网络基础设施建设速度，改善了网络服务质量。1998 年以来，美国先后发布《浮现中的数字经济》《大数据研究和发展计划》《数字政府战略》《数据经济议程》《在数字经济中实现增长和创新》《网络安全国家行动计划》《国家宽带研究议程》《支持数据驱动型创新的技术与政策》等政策，已成为数字经济领跑者。在特朗普政府时期，美国首次将量子科技、通信网络、先进制造业和 AI 定义为"未来产业"；在拜登政府时期，美国进一步将量子技术、5G 通信、AI 和航空航天定义为"未来技术"领域。

美国已建成开放的国际数字市场，并将海外数字化作为重要战略，积极开拓新的数字市场。美国商务部通过"数字专员"项目，在欧盟、东盟、日本等经济体的数字经济市场为美国企业提供政策和经济支持。例如，美国正在加强与东盟的数字经济联系，"分享最佳实践和专业知识，讨论美国公司致力数字行业发展机遇"，促进美国企业在海外获得更加开放的数字经济空间。随着数字经济的快速发展，美国进一步谋求新优势。例如，数字货币或将成为美国维持美元地位的工具。

1.1.2　欧洲新努力

欧盟正在推动建立数字共同市场，而且已经通过双边自由贸易中的数字贸易条款与日本和加拿大达成相互开放数字贸易市场协议。与此同时，欧盟积极与发展中经济体进行数字经济政策合作，其中，拉美和加勒比地区是欧盟推进数字经济合作的优先地区。欧盟正与巴西和墨西哥在基础设施、云服务和 AI 等领域开展深度合作。此外，欧盟专注于构建统一的欧盟数字经济市场，协同德国、法国等欧盟成员国的数字经济产业，提升欧盟整体数字竞争力。欧盟注重数字经济产业核心技术的培育，于 2021 年 3 月发布了《2030 年数字化指南：实现数字十年的欧洲路径》，提出了 11 项数字经济发展目标，包括：在 5 年内打造首部量子计算机；在 2030 年前攻克 2 纳米制程，芯片能效提高 10 倍；先进芯片全球市场占比超过 20%，降低对美国和亚洲半导体技术的依赖。

英国是欧洲数字经济的领头羊、欧洲数字之都，其电子政务发展水平领先世界，政府数据开放程度居世界前列。英国于 2009 年制定了"数字英国"行动纲要，在城市建设、消费、交通等方面发布了具体措施，以确保英国在世界数字经济中的领先地位。为了促进数字经济领域的持续创新，英国议会于 2010 年 4 月通过了《2010 数字经济法》，该法包括 11 个主题、48 条法案，内容包括网络著作权侵权、广播电视管理规则、电磁波使用管理规则等。2020 年 9 月，英国颁布了《数据战略》，提出要建设数字型政府，提供便利化的数字服务，并确保数据安全性及数字创新的可持续发展。英国数字产业集聚效应十分突出，已形成曼彻斯特、雷丁、伯明翰和布拉克内尔等数字经济产业集群，邓迪、南安普敦、康沃尔等新兴数字集群也开始浮现。数字科技加速向各领域渗透并与之融合，这使得英国教育、金融、健康等领域数字经济的创新走在世界前列。

德国注重中小企业数字化转型。一方面，德国大力建设中小企业数字化服务平台。德国高校依托"中小企业数字化生产和工作流程 4.0"项目的资助，在全国建立了 22 个中小企业数字化 4.0 创新中心，为中小企业提供数字化智能升级方案，解决数字化转型过程中的技术难题和安全问题。例如，达姆施塔特工业大学的企业数字化 4.0 创新中心可以为中小企业提供智能工厂改造、开放实验资源、云平台研发中心和数字化培训等资源和服务。另一方面，德国《数字化战略 2025》提出中小企业数字化投资计划"Digital Jetzt"，计划为中小企业数字化转型提供 10 亿欧元的扶持资金。

1.1.3 日本新动作

1995 年，日本发布《面向 21 世纪的日本经济结构改革思路》，高屋建瓴地规划日本数字经济的发展，提出重点发展信息技术、通信工程等。随着日本产业结构趋于成熟，并向知识密集型转型，2000 年以后日本数字经济历经了三个快速发展阶段：第一个阶段是 2000 年至 2012 年，日本政府陆续推出《2001 年 e-Japan》《2004 年 u-Japan》《2009 年 i-Japan》战略计划，政策聚焦于电子政务、医疗健康、教育和人才培育的全面数字化；第二个阶段是 2013 年至 2015 年，日本工业机器人迅速发展，智能工厂代替人工，带动制造业结构的重大变革，日本政府相继出台《日本振兴战略》《推进成长战略方针》；第三个阶段是 2016 年至今，大数据、AI、工业互联网技术的发展推动日本产业及经济向数智化方向转型，日本政府发布了《综合创新战略》《日本制造业白皮书》《集成创新战略》《战略性创新推进计划》《科学技术创新综合战略 2020》等一揽子战略计划，以原始创新和基础创新为目标，针对 AI、大数据、3D 打印、机器人等领域制订研发计划。尽管如此，日本数字经济发展规模和速度仍然相对滞后，未能充分发挥引领社会变革的作用。因此，日本提出"以日本为中心连接主要贸易伙伴"战略。除了与美国、欧盟等发达经济体合作，日本还通过加强与中国和韩国的数字经济合作，积极推进东亚数字经济产业发展。2019 年 12 月，在第 8 次中日韩领导人会议上，中日韩达成《中日韩合作未来十年展望》，鼓励三国企业在数字经济和电信领域创新合作。

1.1.4　全球新机遇

2019 年 2 月，俄罗斯发布《2024 年前俄联邦国家发展目标与战略任务》和《俄联邦数字经济国家规划》(新版)。2018 年至 2024 年，俄罗斯着力增加数字经济投入，完善数字经济基础设施，促使各级政府和组织使用国产软件。俄罗斯政府特别设立了数字经济和区块链技术专家委员会，负责处理国家数字经济立法问题，个人数据法、信息法、通信法、数字环境监管法等相关法律的修订工作已经启动。俄罗斯在新修订的《民法典》中增加"数字权力"，并探索加密货币和 AI 立法，加强对数字经济的监管。法国制订《法国数字化计划》，旨在建立一个更具竞争力的数字经济体。墨西哥于 2013 年发布《国家数字化战略》，旨在促进墨西哥政治、经济与教育等多个方面的数字化进程，使墨西哥在拉丁美洲成为领先的数字经济国家。

1.2 数字中国急流勇进

截至 2020 年，我国网民规模超过 9.89 亿，拥有全球最大的智能手机、移动支付和在线零售市场，连续 8 年成为工业机器人第一大市场，AI 市场规模年均增长 40% 以上。2020 年，我国数字经济规模已达 39.2 万亿元，位居世界第二位，已经成为推动世界数字经济发展的重要增长极。

1.2.1 数字中国顶层设计

习近平总书记高度重视数字经济发展，党的十八大以来，就做好我国数字经济工作作出了以下重要论述：（1）要发展数字经济，加快推动数字产业化，依靠信息技术创新驱动，不断催生新产业新业态新模式；（2）世界经济正处在动能转换的换档期，我国经济也步入新常态，迫切需要发展数字经济增添新动能；（3）要加快建设数字中国，构建以数据为关键要素的数字经济；（4）要积极参与数字经济国际合作，建设 21 世纪数字丝绸之路；（5）要大力发展核心技术，紧紧牵住核心技术自主创新这个"牛鼻子"。

1. 建设"数字中国"

2014 年 11 月 19 日，习近平在首届世界互联网大会的贺词中提到，"互联网日益成为创新驱动发展的先导力量，深刻改变着人们的生产生活，有力推动着社会发展"。

2018 年 4 月 20 日至 21 日，习近平在全国网络安全和信息化工作会议上的讲话中提出，"要推动互联网、大数据、人工智能和实体经济深度融合，加快制造业、农业、服务业数字化、网络化、智能化"。

2018 年 11 月 18 日，习近平在亚太经合组织第二十六次领导人非正式会议上的发言中提出，"中国正在大力建设'数字中国'，在'互联网 +'、人工智能等领域收获一批创新成果。分享经济、网络零售、移动支付等新技术新业态新模式不断涌现，深刻改变了中国老百姓生活"。

2. 释放数字经济潜力

2017 年 12 月 3 日，习近平在致第四届世界互联网大会的贺信中提出，"中国数字经济发展将进入快车道。中国希望通过自己的努力，推动世界各国共同搭乘互联网和数字经济发展的快车"。

2018 年 4 月 20 日至 21 日，习近平在全国网络安全和信息化工作会议上的讲话中强调，"要发展数字经济，加快推动数字产业化，依靠信息技术创新驱动，不断催生新产业新业态新模式，用新动能推动新发展"。

2020 年 11 月 20 日，习近平在亚太经合组织第二十七次领导人非正式会议上的发言中提出，"推动各方分享数字技术抗疫和恢复经济的经验，倡导优化数字营商环境，激发市场主体活力，释放数字经济潜力，为亚太经济复苏注入新动力"。

3. 催生新的发展动能

2018 年 11 月 7 日，习近平在致第五届世界互联网大会的贺信中提出，"当今世界，正在经历一场更大范围、更深层次的科技革命和产业变革。互联网、大数据、人工智能等现代信息技术不断取得突破，数字经济蓬勃发展，各国利益更加紧密相连。为世界经济发展增添新动能，迫切需要我们加快数字经济发展，推动全球互联网治理体系向着更加公正合理的方向迈进"。

2020 年 11 月 20 日，习近平在亚太经合组织第二十七次领导人非正式会议上的发言中提出，"数字经济是全球未来的发展方向，创新是亚太经济腾飞的翅膀。我们应该主动把握时代机遇，充分发挥本地区人力资源广、技术底子好、市场潜力大的特点，打造竞争新优势，为各国人民过上更好日子开辟新可能"。

2020 年 11 月 21 日，习近平在二十国集团领导人第十五次峰会第一阶段会议上的讲话中指出，"疫情激发了 5G、人工智能、智慧城市等新技术、新业态、新平台蓬勃兴起，网上购物、在线教育、远程医疗等'非接触经济'全面提速，为经济发展提供了新路径。我们要主动应变、化危为机，深化结构性改革，以科技创新和数字化变革催生新的发展动能"。

4. 数字政府建设

2017 年 12 月 8 日，习近平在十九届中央政治局第二次集体学习时的讲话中指出，"要运用大数据促进保障和改善民生。大数据在保障和改善民生方面大有作为。要坚持以人民为中心的发展思想，推进'互联网＋教育'、'互联网＋医疗'、'互联网＋文化'等，让百姓少跑腿、数据多跑路，不断提升公共服务均等化、普惠化、便捷化水平"。

2019 年 10 月 24 日，习近平在十九届中央政治局第十八次集体学习时的讲话中提出，"要探索'区块链＋'在民生领域的运用，积极推动区块链技术在教育、就业、养老、精准脱贫、医疗健康、商品防伪、食品安全、公益、社会救助等领域的应用，为人民群众提供更加智能、更加便捷、更加优质的公共服务"。

2020 年 3 月 31 日，习近平在杭州城市大脑运营指挥中心考察时指出，"运用大数据、云计算、区块链、人工智能等前沿技术推动城市管理手段、管理模式、管理理念创新，从数字化到智能化再到智慧化，让城市更聪明一些、更智慧一些，是推动城市治理体系和治理能力现代化的必由之路，前景广阔"。

1.2.2 数字创新全面推进

2020 年，广东、江苏、山东、浙江和上海等 13 个省市的数字经济规模超万亿元，数字经济区域发展百花齐放。全国各地深层次拓展数字产业化，并大力推动大数据、互联网、AI 与产业深度融合。加快产业数字化、推进数字创新正在成为实体经济实现效率变革、质量变革和动力变革的驱动力及产业转型升级的新动能。

1. 数字福建

2000 年 10 月，福建在全国率先提出建设"数字福建"，开启了信息化建设的序幕。福建在公共行政服务、城市管理、生产生活等方面的数字化水平不断提升，数字化已经成为福建发展的强大驱动力。2020 年，福建数字经济总量超过 2 万亿元，占福建 GDP 的 45% 以上，增速达 17.6%。"数字福建"大力推动建设绿色数据中心，注重科学、系统的规划，遵循数据中心建设的系统生命周期和科学规律，已经成为"数字中国"的先行者和样板工程。2021 年，福建将打造"数字应用第一省"写入政府工作报告，推动省超算中心二期、省区块链主干网、数字福建产业园、福州区块链经济综合试验区、泉州芯谷、厦门国家数字服务出口基地建设，为行业数字化的推进提供支撑，推动更多行业领域的数字应用。

2. 数字浙江

2018 年，《浙江省数字经济五年倍增计划》提出：全面实施数字经济五年倍增计划，推进"云上浙江"建设；支持杭州建设"全国数字经济第一城"，创建国家互联网创新发展综合试验区；培育发展数字安防、新能源汽车等一批先进制造业集群，力争数字经济核心产业增加值增长 15% 以上。2021 年 6 月，《浙江省数字经济发展"十四五"规划》提出：建设全国数字产业化发展引领区、全国产业数字化转型示范区和全国数字经济体制机制创新先导区，培育具有全球影响力的数字科技创新中心、新兴金融中心和全球数字贸易中心；到 2025 年，数字经济总量占 GDP 的比例达到 60% 左右，建设高水平的国家数字经济创新发展试验区。

3. 数字贵州

贵州积极抢占数字经济发展先机。作为我国首个国家大数据综合试验区，贵州于 2017 年 2 月率先出台全国首个省级层面数字经济发展规划《贵州省数字经济发展规划（2017—2020 年）》，以加快谋划和布局数字经济，并提出资源型、技术型、融合型、服务型为一体的"四型"数字经济，促进三次产业数字化融合，发展数字经济主体产业，加速转型升级，培植后发优势。

4. 数字江苏

江苏于 2014 年 7 月发布《江苏省政府办公厅关于加快电子商务发展的意见》，旨在提升电子商务对全省经济增长的贡献度。此后，江苏出台《省人力资源和社会保障厅关于支持农村电子商务创业就业工作的意见》《江苏省大数据发展行动计划》《省政府办公厅关于深入实施"互联网＋流通"行动计划的意见》《江苏省"十三五"智能制造发展规划》《江苏省智能制造示范工厂建设三年行动计划（2018—2020 年）》《关于加快新型基础设施建设扩大信息消费的若干政策措施》《关于加快推进区块链技术和产业创新发展的指导意见》等一系列政策，为江苏抢抓数字经济发展机遇营造了良好的政策环境。2021 年 8 月，江苏发布《江苏省"十四五"数字经济发展规划》，从强化数字科技创新引领、深入推进产业数字化转型、提升数字产业发展能级、提升数字化治理能力、加速数据要素价值释放等方面提出构建江苏数字经济发展的新格局。

5. 其他

2019 年 10 月，广东出台《广东省培育数字经济产业集群行动计划（2019—2025 年）》，计划建成国家数字经济发展先导区，力争 2022 年数字经济总量达 7 万亿元，占 GDP 的比例接近 55%，以数字产业化和产业数字化为主线，聚焦于数字政府建设等六大重点任务，深入实施数字技术创新应用、新业态培育、工业设计能力等六大重点工程。

上海于 2019 年出台的《上海加快发展数字经济推动实体经济高质量发展的实施意见》提出，推动与数字经济相关的核心技术突破，培育并吸引一大批有发展潜力、成长性好的优质企业，打造数字经济发展新亮点，推动数字经济成为上海经济发展的重要增长极。

2020 年 2 月，《湖南省数字经济发展规划（2020—2025 年）》提出，争取到 2025 年，湖南数字经济总量进入全国前 10 强，突破 2.5 万亿元，数字经济总量占 GDP 的比例达到 45%，年均复合增长率保持在 15.8% 以上，实施包括自主可控计算机和信息安全产业提升工程等在内的 10 项重点工程，让湖南成为全国数字经济创新引领区、产业聚集区和应用先导区。

2020 年 4 月，江西发布的《江西省数字经济发展三年行动计划（2020—2022 年）》提出，数字经济发展要成为江西省新动能培育的"一号工程"，加快构建江西省数字经济生态系统，促进全领域的数字化转型。预计到 2022 年，江西数字经济增加值超过 1.5 万亿元，年均增速达到 26% 以上，建成 4 万个 5G 基站，建设全国数字经济发展高地。

北京市于 2020 年 9 月出台《北京市促进数字经济创新发展行动纲要（2020—2022 年）》《北京市关于打造数字贸易试验区的实施方案》《北京国际大数据交易所设立工作实施方案》等政策，明确北京数字经济发展路径。行动纲要聚焦于数字基础设施、产业数字化、数字产业化、数字化治理、数据价值化、数字贸易等六个方向，提出要全面体系化推进北京数字经济建设，将北京建设成国际数字化大都市、全球数字经济标杆城市。

1.3 数智经济生态初现

从数字经济走向数智经济是人类科技和经济发展迈向智慧时代的必然路径。从数据采集、去噪、集聚、分析到应用，形成数智经济发展生产力，将数字智能化应用到社会、生产和生活当中，是一个从量变到质变的发展过程。当前新一轮科技革命和产业变革蓬勃兴起，数智经济生态初现，正成为全球经济增长极。

1.3.1 从数字经济到数智经济

数智经济是数字经济的高阶表现形式，藉之能实现新的生产方式、生活方式、交易方式和治理方式。从数字经济到数智经济的跨越有以下几大特征。

1. 数字应用从单一到统合

数字技术的新经济业态已经从单一的数字产品发展为平台经济，形成了数字化驱动、平台化支撑、网络化协同的新经济生态系统。例如，腾讯依托庞大的用户基础，将信息、内容、服务、云计算和用户数据等高效连接起来，这使得腾讯数智经济平台赋能能力极强，腾讯也依托自身构建的社交版图发展出了即时通信、网络游戏、移动支付、政企服务等综合性、系统化的平台经济。但是，数智化平台在野蛮生长的同时也暴露出"大数据杀熟"、用户隐私泄露、应用端过度索权等一系列问题，亟待强化数字化监管、规范数字经济管理。

2. 数字技术从单维到全维

数字技术的发展已经从大数据、物联网（Internet of Things，IoT）、5G通信等单一维度的数字技术向全维度的数字产业集成转变。5G、大数据、IoT、区块链等数字技术与制造业相结合，能发挥数字经济在产业发展上的智能化升级作用。数字经济针对性、前瞻性地将仿真测试工具、设计开发工具、数字模拟实验、制造执行系统（Manufacturing Execution System，MES）与机械结构、芯片、传感器、控制器等结合，在制造业基础上进行迭代创新，加速新技术突破，以促使区块链、IoT、工业机器人、3D打印、自动驾驶等数字技术在生物制药、新能源汽车、新材料、高端制造等产业实现系统化融合。

3. 数字产业从产业链到圈层

数字产业链上各类型企业开展数字化协作生产，向市场提供数字化集成的产品和相关服务。数字产业链逐步演化为以数字产业化、产业数字化为核心，聚集上中下游企业和相关服务提供商及提供保障的数字基础设施、数字政府和公共数字化治理，实现生态链的循环代谢系统，最终形成数智化生态圈。例如，数字化生产一方面需要大量的数字化人才进行设计、开发、生产、销售和服务，另一方面需要包括服务器、光纤、5G 网络等在内的数字基础设施及以智慧政府为主体的数字化公共管理系统，形成包括基础设施、人力资源、制造分工、科技创新、配套服务、公共治理等数字化要素在内的数智化生态圈。

1.3.2　产品分形：智能化应用生态渐成日常

数智经济的发展增强了智能产品开发与用户需求的相互作用、智能化应用生态与智能产品的互联互通，展现了产品分形、产业链价值分配重构、商业模式转变、智能制造升级、组织决策变革的发展特征。

1. 需求导向的定制化智能产品

数字化的各类底层技术趋向开放平台化，产品开发成了面向需求的组合定制。各类 XaaS（如 IaaS、PaaS、SaaS[①] 等）基础上的软硬件平台共享化，产品生产从产品设计开始，都成了需求导向的定制化组合。一方面，企业将数字化、信息化、智能化融入生产经营全过程，分析企业与用户需求的匹配性，依据需求的变化将生产要素向需求端移动，增加产品的市场需求，形成数智化的按需生产发展模式。另一方面，企业在消费者异质性需求和生产成本的智能匹配下，依据算法，运用数据分析用户的偏好，实现基于大数据的客户需求定向满足。最终，企业利用数字化的即时性、移动性和协同性等优势，运用数字技术将原本独立的生产者和消费者关联起来，避免信息不对称造成的生产过剩，实现需求和供给的数智化匹配，促进产业链升级，释放产业发展活力。

---

① IaaS 为 Infrastructure as a Service 的缩写词，意为基础设施即服务；PaaS 为 Platform as a Service 的缩写词，意为平台即服务；SaaS 为 Software as a Service 的缩写词，意为软件即服务。

2. 智能产品互联互通

数字化促使智能产品之间互联互通，面向用户联合服务。目前，单一使用的产品逐步减少，通联协同服务成为趋势。在智能产品互联互通上，产业巨头陆续布局生态圈。例如，苹果布局智能家居生态互联（HomeKit）、可穿戴设备互联（HealthKit）、智能汽车互联（CarPlay）；谷歌布局 IoT 互联（Project IoT）；华为也在打造以 Ocean Connect 集合操作系统、互联网络、智能硬件为核心的生态圈。在智慧城市建设方面，城市的天眼系统、摄像头、传感器、交通路网等基础设施，银行、商超等商业平台，微信、微博等社交平台，都会产生海量的城市运行数据，泛数据连接网络化突破了空间限制，形成了数智化的网络协同效应。覆盖城市数据和超级算力的城市大脑通过"算法 + 算力 +AI"促使城市管理实现持续自我优化。

1.3.3　企业破圈：数智化经营生态崭露头角

近年来，一批运营效率高、规模庞大、创新能力强的数智化平台企业涌现出来，例如，华为、中兴、联想、新华三等智能硬件及平台企业，阿里巴巴、网易、腾讯、百度和京东等数智化生态平台企业，滴滴、携程和高德等数智化生活平台企业，海尔、华大基因和徐工汉云等数智化制造平台企业。这些数智化平台企业致力于核心技术攻关，拥有极强的供应链资源整合和引领带动能力，有力推动着数智经济产业发展。

1. 海尔的数智化商业模式

（1）数智化转型投入持续增长

海尔是我国家电行业的领军企业，2000 年以来各项业务保持高速发展态势，但进入 2008 年以后，传统销售模式的局限性压缩了海尔的利润空间，海尔销售额增幅从 2008 年的 15% 跌至 2011 年的 5.2%。2012 年以后，海尔进入数智化转型升级阶段，在数智化新商业模式下，产品类别、商业渠道拓展、供应链管理、智慧物流等多个方面都对海尔提出了新的要求。海尔加大对数智化转型的投入，固定投资开始向智能家电倾斜。2016 年，海尔固定投资放量增长至 155.4 亿元，同比增幅为 84.54%；2019 年以后，海尔固定投资稳定在 200 亿元以上，用于扩大从家电生产、供应链管理到物流的全链条的数智化改造，促进了数智经济商业模式的深入推广和应用。

（2）数智化平台促进业务持续增长

海尔智家的研发体系并未采用传统的从需求出发的瀑布式研发模式，而是采用颠覆性、智能化的迭代研发模式，其基本理念是使全球用户零距离接触创新资源，通过大数据收集用户体验并迭代更新。海尔智家搭建了开放式数智化创新平台 HOPE^① 来承接数智化转型。HOPE 通过数智化、网络化协作，聚集高校、科研机构、企业和用户群体，追踪、分析、研究与产业发展密切相关的未来技术，开发颠覆性创新产品，如控氧保鲜冰箱、净水洗衣机、水洗空调等。HOPE 还突破地域协作瓶颈，在深圳、硅谷及日本、新加坡和以色列建立五大创新中心，全球布局海尔创新研发体系，进一步提升平台的资源覆盖度，实现最高程度的资源共享和交互。

海尔工业互联网平台卡奥斯（COSMOPlat）结合智能装备、智能控制、模具、智研院等资源及能力，为企业智能制造转型升级提供软硬件一体的解决方案。该平台可通过大数据分析，帮助 B 端企业实现协同采购、智能制造、智慧物流、精准营销并缩短产品研发周期。卡奥斯的主要特点是以用户体验为中心，用户可以从交互、设计到生产服务全流程参与体验，从原来的为库存生产转向为用户创造。例如，海尔全空间保鲜冰箱大规模定制项目有 510 万名用户参与社群互动，全球 4 000 多家供应商提供解决方案，整个方案迭代了 56 次。

（3）通过并购向数智化转型

海尔采取"海外并购 + 数智化转型"双线模式。海尔自 1998 年开启海外并购战略，推动海尔品牌国际知名度上升。1999 年，海尔在美国建

---

① 英文全称为 Haier Open Partnership Ecosystem。

厂，开拓国际市场；2001年，海尔并购意大利迈尼盖蒂公司，这是我国白电企业的首次跨国并购。海尔意大利工厂设备智能化程度高，冰箱生产线是环戊烷、异丁烷氟利昂替代生产线，工厂内部拥有先进的物料需求计划（Material Requirement Planning，MRP）系统。海外并购是海尔数智化升级的第一步。此后，海尔陆续并购日本三洋电机AQUA、美国通用电器GEA、新西兰Fisher&Paykel公司和意大利Candy公司。Fisher&Paykel公司研发的数智化平台COSMOLINE由生产线管理模块、效率模块、质量模块、维护模块、环境模块、报表模块和控制模块等构成，能与装备制造全方位集成，通过云端将工厂、研发中心、供应商与客户连在一起，并对各个流程环节实施有效透明的管理，可应用于家电行业以外的行业。收购完成后，COSMOLINE很好地融入卡奥斯，推动了卡奥斯的建设和推广。

2. 徐工汉云：制造业数智化应用融合

徐工汉云是徐工集团基于大数据、云计算构建的智能制造平台，可以实现实时、系统、全面的工业设备数据采集与分析，实现供需对接和能力交易，跨行业为制造业赋能。徐工汉云拥有强大的设备连接、边缘计算、海量工业数据分析和数据可视化等能力，可助力传统企业开展数智化转型。徐工汉云服务的企业超过2万家，覆盖28个"一带一路"沿线国家，涵盖工程机械、装备制造、智慧城市、有色金属、建筑施工、教育、新能源汽车、石油化工、能源等80多个行业，已接入超过67万台设备，共计2 066种设备，管理价值超过4 000亿元的设备资产，打造了20个行业子平台。徐工汉云为工业互联网的生态体系持续赋能，助力我国制造业高质量发展和实体经济振兴。

（1）车辆设备管控智能化平台

中交集团由于设备分散、项目众多，一度无法准确统计设备的工作效率、运行成本和设备故障情况，造成设备利用率低等问题。徐工汉云通过数据采集终端及风速、倾角、重力等传感器，实时采集设备运行状态，为各种设备设定作业安全阈值，精准核算设备的工作时长及保养策略，记录设备的维保内容及相关备件，统计分析设备每天的工作状态数据，帮助企业掌握设备工作情况，科学安排闲置设备。最终，中交集团设备作业事故数量降低了 3%，设备运行成本降低了 7%，设备利用率提高了 5%。

（2）新能源物流车辆管控与服务平台

新能源物流运输存在缺少有效监管、车辆作业调度困难、车辆运维服务网点与充电站建设不合理等问题。徐工汉云的新能源物流车辆管控与服务平台通过实时监控车辆运行状态、实时报警确保车辆及货物的在途安全，利用驾驶行为算法模型改善驾驶员的驾驶行为，并通过工业互联网大数据对车辆运营路线进行分析统计，为企业建设充电站和售后服务网点及配件中心选址提供决策依据。最终，徐工汉云帮助用户实现了车辆运输能力最大化，运输能力提高了 19%，采购业务人员的沟通成本及单据工作量降低了 70%，运输效率提升了 35%。

（3）智能化生产平台

江西铜业股份有限公司（以下简称"江西铜业"）的传统剥片工序全靠人工完成，电解车间充斥着稀硫酸气体，生产环境恶劣，人员流动性大。人工剥片对始极片损伤大，容易造成始极片边角折边等现象，剥片效率低，相关生产数据也无法采集和分析。

徐工汉云搭建智能化生产平台，结合设备联网采集、视觉识别、机器人离线编程、AI 分析等技术，打破传统工艺及布局，为江西铜业定制开发了一套全自动智能化剥片机组，实现了剥片过程无人化，生产现场仅需 3 名监控和巡检人员，极大地缩减了用工数量，降低了劳动强度，有效避免了剥片过程中可能出现的始极片和钛母版损伤，提升了生产效率。最终，该平台帮助用户节约了 80% 的人工成本，产品质量提升了 25%，数据自动化采集率达到了 100%，为优化生产工艺及产能统计等决策分析提供了便利。

1.3.4 产业跨界：数智化市场生态初现端倪

数字技术与制造业、金融业和服务业的深度融合，促使产业数智化跨界，通过数字技术实现批量定制生产模式、个性化定制服务、远程协作等，构建数智化市场生态系统。发展数智经济已经成为传统制造业、金融业和服务业转型升级的破题之举。

1. 制造业的数智化改造

我国制造业门类齐全、体系完善，尽管不同产业发展水平参差不齐，但数智化改造是关键环节，要以重点产业领域的数智化改造带动制造业体系全面转型升级，实现跨界发展。

（1）开放式创新模式

消费者对工业产品和服务的差异化、个性化定制需求快速增长，制造业借助工业互联网等数字技术，使研发模式从以产品设计为导向转向以用户需求为导向。制造企业要突破传统的封闭式创新模式，运用数字平台收集、分析用户需求，将用户需求融入产品设计、开发和制造全过程。

目前涌现出的众包设计、协同研发、众筹融资等诸多新模式以用户参与开放式创新为基础，推动了产品研发、设计开放化及创新资源集成化。制造业要利用3D打印、虚拟现实（Virtual Reality，VR）等数字技术降低产品原型定制化开发成本，缩短交付周期，然后通过交互式用户反馈实现产品的快速迭代，提升产业创新效率，满足市场需求。

（2）数智化制造模式

随着工业互联网与实体经济的深度融合，数智化对传统制造业的提升作用显著增强。但目前实体经济中制造环节的数智化水平明显低于产品设计研发环节的数智化水平，制造业急需强化数字技术应用，促进制造环节由资源驱动转向数据驱动，实现闭合式制造工厂向智能化、网络化、数字化的新型制造模式转变。

制造业必须打通单一物理维度工厂与数字世界，将传感器、芯片、工业机器人等智能硬件与工业互联网、数字平台、MES 及设备平台数据传输和云服务等数智化技术融合,将传统工业体系中封闭、分散的设备连接起来,形成无缝对接的网络物理系统,实现物理设备彼此之间及与外部网络世界的信息感知、网络通信、精确控制和远程协作,驱动制造系统向数字化、网络化和智能化转变。

产业骨干企业要运用 AI、大数据和云计算等技术对制造环节各类数据进行全面采集和深度分析,辅助生产工艺优化与控制,推动制造环节的节能降耗、质量提升、运行维护等。

(3)产品的智能互联模式

数智化对制造业的颠覆不仅体现为产品更新迭代加快,也体现为产品功能和形态彻底改变。传统产品与云服务、IoT、移动终端、App 融合,形成了新的智能产品。

其中的一个典型案例是新能源汽车。电动化、自动化、互联智能化等数字技术的交叉融合对传统的汽车制造业产生了颠覆式影响,为我国企业在新能源汽车行业弯道超车提供了机遇。汽车厂商通过在线升级让车辆数据、城市道路及其他信息实现互联互通,让汽车变得越来越智能化,汽车的功能越来越强大。汽车开始从单纯的交通工具转变为"智能产品 + 互联平台 + 智慧服务"的新产品。

因此,集成大数据、嵌入互联信息和智能硬件组合已经成为数智产品开发的必然途径。传统制造业要借助产品的智能互联趋势,通过嵌入芯片、数控装置、传感器、软件和互联网等,使产品从传统的单一产品转变为智能互联生态产品。

2. 金融业的数智化发展

随着区块链、大数据、云计算、AI 等新技术与金融业的深度融合,数智经济正在重塑金融业的生态。金融数智化发展旨在通过新兴数字技术将人、物、企业等金融业服务对象数字化,并将其纳入数智化生态,通过交互数据、算力促进高效决策，提升金融服务效率。

（1）区块链提升金融业务的安全性和有效性

金融业存在信息不对称的情况，货币交易等金融业务存在安全隐患。区块链具有分布式存储、数据公开、不可篡改等特征，因此可应用于金融业，形成金融交易、风险识别和数据共享平台，在保障金融系统运行效率的同时建立社会公众对金融业的信任。

例如，中国人民银行的数字货币DCEP[①]属于法定加密数字货币，具有无限的法偿性（任何机构和个人不得拒收），是人民币的数字形式，其本质是货币。DCEP的发行目的是替代流通中的纸币（即M0）及微信、支付宝等第三方支付。

数字货币有两个优势可以提高人民币在贸易结算领域的使用量，进而促进人民币国际化。第一个优势是手续费低、安全性高和转账速度快。目前，跨境支付存在手续费高、转账周期长和支付效率低等问题，而数字货币用于跨境支付不仅降低了手续费（在不考虑监管的情况下），而且加快了转账速度。第二个优势是实现了无卡交易。DCEP采用"账户松耦合"方式设计，用户无须绑定银行卡即可转账，其较高的便捷性能够吸引金融基础设施匮乏区域的民众使用。

（2）数智化应用优化金融信用数据

金融的根本在于服务企业，要将金融数据、企业信用数据与产业链数据融合起来，基于AI、区块链、大数据等数智化应用，充分利用信用数据。一方面，金融业要运用区块链不可篡改的特性，优化中小微企业授信，结合还款数据，实现智能授信动态调整，从而优化企业资质和还款能力评估，提高金融服务效率。另一方面，开放的金融信息数据将为政府监管、社会服务和无形资产评估提供一站式智能化应用场景，提升金融数据的使用效率。

---

① 英文全称为 Digital Currency Electronic Payment。

3. 电商行业的数智化生长

（1）电商算法的数智化演变

电商正在不断借力 AI、大数据等数字技术，完成从数字化向数智化的转变。例如，在"双十一"期间，支付宝运用了千亿元级别的数字金融计算能力；京东星链零售物联平台助力超过 1 万家线下门店完成智能化升级；苏宁的智能物流优化算法为包裹配送提供智能化的派工和配送路线优化，加速物流数智化；字节跳动投资跨境基础设施服务商纵腾网络，运用 TikTok 平台，结合算法优化和算力布局，提供海外仓储、专线物流、商品分销、供应链等服务，进军海外电商。

（2）垂直类直播电商发展

垂直类直播成为电商数智化转型标配。得益于算法压缩、算力优化和 5G 推广应用，直播行业实现了更快的传输速度和全面高清化，观众甚至可以实时放大画面，查看商品的细节。同时，直播的观赏性也在不断增强。不同于线下门店，直播电商没有空间和时间的限制。现在已经出现了 VR 直播、互动直播等新型直播方式，这些直播方式增强了用户与直播间的互动，消费者在直播间的体验无限趋近于线下。

1.3.5　区域融合：数智化社会生态正在探路

数智经济通过知识溢出、降低交易成本、促进生产要素流通、优化资源配置等方式促进区域融合，通过数据交互、降低信息获取门槛等方式深化细化产业链分工协作，从而促进产业升级，构建数智化社会生态。

1. 数字孪生城市

数字孪生城市是指在城市物理实体的基础上，在虚拟空间创造一个数字版城市双胞胎。它最大的特征是对实体对象的动态仿真，也就是说，数字孪生城市依据实体对象的物理模型、传感器反馈的数据，综合分析运行信息。现实中城市动态、运行数据及外界环境条件的瞬时变化，都会映射到数字孪生城市上。

如今的算力水平已经能够支撑将城市产业集群、建筑物、交通和企业等的实时动态构建于虚拟网络。国内一、二线城市陆续推出数字孪生城市规划，利用城市信息模型和多维数据集合，打造实时、精准、可视化的数字孪生城市大脑，通过数据仿真分析、模拟运行、预知城市复杂运行规律，分析城市问题及城市运行影响因素，制定全局最优策略，解决城市各类顽疾，形成全局统一调度与协同治理模式。

2017年，上海临港启动智慧临港城市大数据平台建设，构建精细化的虚拟临港，模拟整个临港315平方公里的城市空间，包含道路、坐标等地理数据及地铁站结构和管线铺设等设施数据。虚拟临港能够动态展示人口热力图、实时交通车流、停车库状态、视频实时监控等城市运行态势，通过图像识别、智能分析预警垃圾倾倒、高密人（车）流、违章建筑等异常问题，并对城市未来发展做出预测。

2. 区域极核模式

区域极核模式是指以数字经济中心城市为增长极，通过区域融合、极化及数字外溢效应，引领区域数智生态圈形成和发展。区域极核模式一般从数字经济发达城市向周边区域扩散，形成数智活动辐射效应。

在数字经济发展初期，极核产生区域虹吸效应，吸引区域内的数据、人才、资金和技术等数字生产要素，形成单极化区域数字增长极，抑制区域数字经济发展效率。但随着区域数字经济向数智化的方向演变，区域增长极的数字红利会发生外溢，为周边区域提供数据平台、工业互联网技术、更多的就业机会、数字服务模式和管理方式，促进价值观念的转变。当区域极核出现饱和效应的时候，就会推动数字要素向周边区域扩散，促进区域数智化融合，带动区域数智经济生态圈一体化。

当前，我国在产业数字化、数字产业化和治理数字化等多个方面出现区域极核。例如，在数字产业化方面，北京的互联网、软件信息和电子产业快速发展，领先全国，具备多项数字经济发展优势。《北京数字经济研究报告（2021 年）》显示，北京互联网产业综合实力强大，国内市值排名前 30 的互联网企业中有 11 家在北京，包括美团、京东、百度、字节跳动等头部企业。北京电子信息制造业拥有部分领军企业，包括京东方、联想、小米等全国领先企业。

　　近年来，北京的一批数智化产业、技术、人才向京津冀协同发展汇入，有力地促进了数字创新要素的区域流动和融合，京津冀三地已经形成"北京突破—天津转化—河北承接"的高精尖产业数字化协同发展模式。2021 年 5 月，京津冀数字经济联盟的成立为数智化区域融合搭建了发展平台，将有力地促进数智经济赋能京津冀协同发展战略。

02

第 2 章

原理洞察

当前，数字经济风起云涌，争夺数字智能技术、智能产业与智能经济生态构建新高地已经成为各个国家和地区转变经济发展模式的主战场。数智经济拥有哪些独有的属性、特征和效应，我们应该如何认识智能在本轮数字经济发展浪潮中的作用与价值，数智经济演进过程及机制包含哪些内容，带来了哪些超级红利，我们应该如何改变思维模式来理解和适应这种新经济形态等诸多问题，亟待开展深入研究与系统解读。

2.1　数智经济本质解读

下面从概念与内涵、特征与属性、要素构成这三个方面对数智经济的本质进行深入的解读和分析。

2.1.1　数智经济的概念与内涵

数智经济是数字经济发展到某一里程碑阶段的经济形态，其概念与内涵解读尚未统一。当前，学界、政界和商界的专家与学者主要从宏观层面对数字经济的概念与内涵进行界定和解读。学者们普遍认为，数字经济是继农业经济和工业经济之后出现的一种新的社会经济形态。

"数字经济"这一概念最早是由唐·泰普斯科特（Don Tapscott）在1996年出版的《数字经济：网络智能时代的希望和危险》一书中提出的。之后，联合国、欧盟等国际组织及美国、日本、英国和中国等国家的研究机构和学者纷纷从不同的角度和层面对数字经济的概念与内涵进行解读。数字经济迅速成为学界、业界和政界讨论的热点话题。但是，需要注意的是，虽然泰普斯科特等学者对数字经济的解读发生在20世纪90年代，当时智能化技术、产品、公司和产业尚未形成，但智能已经成为《数字经济：网络智能时代的希望和危险》一书中的关键词。可见，泰普斯科特当时已经前瞻性地认为，智能才是数字经济的本质。

此外，一些学者认为，"数字经济"这一概念与1962年弗里兹·马克卢普（Fritz Machlup）提出的"知识产业"（Knowledge Industry）、1977 年马克·尤里·波拉特（Mac Uri Porat）提出的"信息经济"（Information Economy）、1996 年经济合作与发展组织（Organization for Economic Co-operation and Development，OECD）提出的"基于知识的经济"（Knowledge Based Economy）、20 世纪 80 年代日本学者提出的"网络经济"（Network Economy）等概念一脉相承，都把信息通信技术（Information and Communications Technology，ICT）产业作为经济发展的关键支撑，把网络互联作为数字经济全要素连接、交流与共享的基础载体，把降低成本、提高效率和促进技术创新视为推动社会经济发展的基本动力。

可见，从某种意义上说，信息经济、网络经济和知识经济是数字经济发展的初级阶段，数字经济是信息经济、网络经济和知识经济发展的高级阶段，也是深度融合创新的必然产物。数智经济是不断涌现的大数据、云计算、AI、IoT、5G 通信、区块链和脑机接口等各类新兴技术与产业、市场和社会生活深度融合并持续创新之后，涌现出的一种全新的产业形态和经济形式。梳理数字经济及信息经济、网络经济和知识经济的基本特征，不难发现，诸如 AI、大数据和脑机接口等智能化技术及相关产业的涌现与高速发展才是数字经济区别于知识经济、信息经济和网络经济的关键所在。

从国内研究进展来看，2016 年 G20 杭州峰会和 2019 年中国信息通信研究院对数字经济的定义得到了广泛使用。G20 杭州峰会的《二十国集团数字经济发展与合作倡议》认为："数字经济是指以使用数字化的知识和信息作为关键生产要素、以现代信息网络作为重要载体、以信息通信技术的有效使用作为效率提升和经济结构优化的重要推动力的一系列经济活动。"中国信息通信研究院发布的《中国数字经济发展与就业白皮书（2019 年）》认为："数字经济是以数字化的知识和信息为关键生产要素，以数字技术创新为核心驱动力，以现代信息网络为重要载体，通过数字经济与实体经济深度融合，不断提高传统产业数字化、智能化水平，加速重构经济发展与政府治理模式的一系列经济活动。"可见,国内相关研究机构也认同,智能化是数字经济当前发展阶段的首要目标,推进国内产业的智能化转型是我国及世界数字经济发展的首要任务。

最后,需要总结的是,到目前为止,数字经济的发展经历了多个阶段,信息经济、网络经济和知识经济是其不同阶段发展的典型体现。世界各国对数字经济概念与本质的解读虽然有所不同,但都将智能作为当前数字经济的本质特征。特别是在关键特征的描述和解读上,各国都将数据视为成为继土地、劳动力、资本、技术等之后出现的第五大生产要素;将实现更加智能的数据处理和数据应用的相关技术作为关键技术;将激活全社会经济活动单元,实现产业的数智化转型、升级与融合创新作为基本手段;将落后、低效、高耗与不可持续的企业组织、产业格局和社会生态模式的颠覆、重构与智能化转型作为基本过程;将实现全要素、全产业与全生态效率提升、价值创造、包容性与可持续性发展视为最终目标;将抢占数智经济技术创新、标准制定与生态构建高地,提速数智产业化、产业数智化与数智治理制度建设,让数据要素深度融合到产品、企业、产业、商业与社会经济活动中视为创新传统产业、壮大新兴产业、实现包容性增长与可持续增长的主要方向。

2.1.2　数智经济的特征与属性

数智经济不仅具备信息经济、网络经济和知识经济所具有的高渗透性、强网络正外部性、成本边际递减、价值复用递增、赢者通吃和自生长等基本特征,还具备以下六大关键特征。

1. 赋能化数据是数智经济的关键生产要素

数据是数智分析、处理和应用的基础,数智经济最典型的特征之一是赋能化数据成为关键的生产要素。在农业时代,土地与劳动力是关键的生产要素。在工业时代,资本与技术成为比土地和劳动力更稀缺的生产要素。

在数智经济时代，数据的生产、复制与传播边际成本趋近于零，数据的赋能价值呈现强网络外部性的指数增长效应。数据成为取之不尽、用之不竭的关键生产要素，颠覆了传统生产要素的独占性与排他性，真正成为继土地、劳动力、资本和技术之后的第五大生产要素。

在信息经济、网络经济和知识经济时代，数据是辅助性元素，仅发挥辅助作用。受技术、产业、思维、新基建等基础条件约束，彼时数据要素的赋能效应与价值创造效应潜能没有得到真正释放。在数智经济时代，大数据、云计算、AI、数智孪生、脑机接口、区块链等新兴技术日趋成熟，相关应用得到普及，数据真正深度融入产品设计、开发、生产、销售与管理的各个方面，并形成各类智能产品与服务，改变了社会生活与经济交易模式，数据的赋能效应与价值创造效应得以全面释放，人们日益增长的高质量信息与知识消费需求得以满足。

赋能化数据是指被智能技术与创新思维改造过的数据，是信息化、知识化与能力化的数据，而非无法处理、无法流动分享、无法商业化的原始数据。如何因地制宜地优化资源配置，提高数据的信息化、知识化、智能化与价值化水平，让数据要素更加快速地流淌在社会生产、交易和生活的各个领域，让数据实现可信的自由分享、共赢交易与安全使用？这个关键问题的解决是数据真正成为生产要素的基本前提，也是数智经济研究与产业政策制定的重要着力点。

2. 万物智联是数智经济运转的核心载体

在农业经济时代，人走马拉与肩挑背驮是劳动力要素流动的基本形式，就地取材和本地生产是主要的生产模式。在工业经济时代，"铁公机"（铁路、公路和机场）成了社会生产要素流动的重要载体，跨区、跨国、跨境生产和贸易逐渐成为主要的生产模式，生产要素的时空分离与自由流动推动了社会分工、跨国贸易与国际合作等社会经济形态的产生。

在数智经济时代，数据从全要素中独立出来，并通过互联网和 IoT 进行自由流动、分享、交易和使用。网络将人、流程、数据与事物结合在一起，使之更加相关、更有价值，并带来更加丰富的体验和前所未有的经济发展机遇。万物智联相关技术的创新突破是推动数智经济快速发展的基础，没有现代通信、移动网络与 AI 等技术的快速发展，就没有万物智联，更没有数智经济快速发展的基本条件。

当前，5G 通信、IoT 和 AI 等技术的发展日新月异，万物智联产业与新型基础设施日趋完善，可穿戴设备在生产、交易、消费和生活的各个方面得到应用，衍生了平台经济和共享经济等新业态与新模式，推动着消费互联和工业互联的快速发展。"人—人""人—机""机—机"的万物智联成为赋能传统农业、制造业乃至服务业的数智化改造基本方式，既是推动传统产业数智化进程的基础前提，也是推动国家供给侧结构性改革和经济高质量发展的重要抓手。抢抓万物智联新型基础设施发展机遇，做好数智经济万物智联新基建规划与顶层设计文章，制定万物智联技术试点示范与产业推广政策，加速 5G、IoT、边缘智能等技术与相关的垂直产业融合发展，带动更多行业的数智化改造进程，是务实推进数智经济发展的基础性工作。

3. 多元数智生态圈层是构建数智经济的基础单元

在农业经济时代，社会经济的基础单元是农田，围绕农田的农产品生产、消费与交易，形成了不同类型的村落和乡里社会经济形态。在工业时代，蒸汽化、机械化与电气化的工厂成为社会经济的基础单元，并进一步演化为各类企业形态，成为社会经济中最活跃的生产单元。工厂和企业出于内部生产与加工协作效率提升的需要，形成了企业内部管理。企业通过高效的原材料与产品输入输出，与其他企业、个人和组织进行信息、数据和能力的交互。

在数智经济时代，数智生态圈层是基础的生产单元。数智生态圈层集合了数智化的产品、服务与能力的多元生产元素、个体和组织，是一个不可分割且紧密融合的整体，是一个高内聚、低耦合的圈层经济体。数智化个体 IP、数智产业园、数智产业链及数智平台等离不开数智生态圈层的滋养，是数智生态圈层内部更小的单元。在多元数智生态圈层这个体系中，数智化个体 IP、数智产业园、数智产业链和数智平台等组织或个体之间互为外部环境，形成圈层；圈层之间互为增长因素，通过物质、能量和信息的交换，构成一个相互影响和共同发展的整体。圈层之间链接、重塑、融合，形成一种新的经济形态、一种有规律的组合，成为利益共同体、事业共同体和命运共同体。

在数智经济时代，数智生态圈层超越了传统的协会组织、产业链、平台和闭环生态圈，是涵盖人、数智内容和智能终端的互联网新圈层。圈层之间相互影响、互为作用力，形成共同发展的生态体系。与自然生态体系中的物种一样，多元生态圈中的每一个圈层、每一个圈层中的组织和个人都要与这个环境中的个体及圈层同呼吸、共命运。需要指出的是，个体 IP 和数智平台将是数智生态圈层中最活跃的要素，但这并不否定或消灭传统的组织、关系和制度。这些传统的社会经济单元智联起来之后，将创造一种新的经济形态。

4. 敏捷协同是数智经济协同运行的主要形式

在数智经济时代，封闭、孤立、僵化的企业组织模式已无法满足产销一体化、生产协作网络化、服务个性化、市场响应及时化、大规模定制化等新需求，让数据、信息和知识跑起来，构建快速迭代、敏捷协同的数智生态圈层协同模式成为必然选择。

在数智经济时代，崛起的数智个体是数智生态圈层中最活跃、最有创造力的单位。提高个体对新兴技术的应用与创新能力，提升民众的数智素养，成为驱动数智经济生产力发展、实现敏捷协同的关键环节。与此同时，依托互联网、大数据、AI 等技术构建各类数智平台也是实现敏捷协同的关键环节。数智平台成为减少管理层级，精简管理流程，缩短决策流程，实现组织扁平化，重塑企业结构形态、管理机制和运行方式的新型商业运作形态与组织模式，极大地提高了数智生态圈层的创造性、独立性、灵活性和敏捷协作能力，这是数智经济发展的必然趋势。

5. 融合创新是推动数智经济永续发展的动力来源

创新是人类为满足自身需要，不断拓展、突破和颠覆对客观世界和自身的认知、资源约束与行为习惯的一种活动。在农业经济与工业经济时代，传统资源的独占性和排他性是个人、企业和国家竞争壁垒构建的关键。在数智经济时代，持续性的融合创新是个人、企业和国家的核心竞争力。没有创新灵魂的数智经济产品开发、商业模式设计、产业转型升级与社会治理模式势必被淘汰。面对海量、价值稀疏和快速迭代的数据资源，只有不断创新数据采集、计算、分析与应用能力，才能在市场竞争中立于不败之地。不断推进数智经济的技术创新、工艺创新、产品创新和管理创新是构建数智经济核心竞争力的关键。

在数智经济时代，创新不是简单的单点创新，而是多技术集成的融合创新，是技术、产品和服务的整体式解决方案的创新，是技术创新、工艺创新、产品创新与管理创新高度结合的系统式创新。从产业发展与创新的角度来看，融合创新既是不同产业之间的协同创新，又是全产业链上中下游的联动式创新，更是数智产业化和产业数智化的耦合式创新。对整个社会经济发展而言，融合式创新还包括市场管理创新、产业政策创新与社会治理机制设计创新。只有融合创新才能为数智经济的健康与可持续发展保驾护航。

6. 命运共同体是数智经济可持续发展的制度保障

在数智经济时代，数据共享是价值增值与创造的基础，开放共赢是数据共享的动力与基础前提，践行命运共同体是数智经济可持续发展的制度保障。以数据集中和共享为途径，推动技术、业务与数据融合，打通数据壁垒，形成覆盖全国、统筹利用、统一接入的数据共享大平台，构建全国数据资源共享体系，实现跨层级、跨地域、跨系统、跨部门、跨业务的协同管理和服务，是推进数智经济共赢、共享和共命运的基本原则与思路。

在致第四届世界互联网大会的贺信中，习近平主席深刻洞察互联网发展趋势，着眼携手共建网络命运共同体，表达了中国以开放姿态推动数智经济发展的坚定决心，赢得与会嘉宾高度认同，引发国际社会广泛关注。2017 年，腾讯发布的企业社会责任报告指出，"数智时代没有旁观者"，数智化进程已经从产业经济迅速扩展到民生、政务等领域，正在覆盖社会生活的方方面面，以互联网为代表的数智技术正在与各行各业深度融合，数智创新正在融入每个垂直领域的血液。如何连接用户，让更多的人分享数智红利？如何连接行业，与生态伙伴携手让生活变得更便捷？如何连接社会，用创新方式思考传统问题？如何连接员工，让人才成为企业的最大财富？思考并解决这些问题是建设数智经济命运共同体的企业的责任所在，也是数智治理的根本要义。

2.1.3　数智经济的要素构成

数智经济与传统经济的显著不同，除了前文所述的新特征，还体现在其内部要素构成上。

1. 数据

当前，城市经济竞争最直接的体现就是数据的争夺，主要通过本地数字经济巨头企业来实现。在这个方面，杭州有阿里巴巴和网易，上海有拼多多、携程和盛大网络，北京有京东、小米和字节跳动，深圳有腾讯和华为。这些城市通过这些数字经济体吸引了 10 亿以上人口的数据流量，无形中占据了新经济时代的第一资源。平台上的所有用户都在为这个城市"打工"，也都在向这个城市"纳税"。因此，传统的招商引资要转变成招商引"数"。只要集聚了数据，就拥有了发展新经济的新"石油"。反之，如果一个城市失去了数据优势，就不可能在新经济中占据主动，直白地说，就失去了未来。

企业竞争的前哨战变成了数据的争夺。从用户数据的导流、采集和发放开始，数据作业完整部署到设计、生产、营销、服务和企业内部管理的各个方面。今天，谋求新竞争力的企业都在建设自身的数据中台，并积极参与产业链中联盟型数字共享平台的建设。

数据市场仍然缺乏标准、法规和公共服务平台。目前，数据总量占比超过 70% 的政府公用数据仍未得到有效整合。就江苏而言，南京市设立大数据局、筹建大数据公司等措施有助于此方面的创新突破。

2. 算法

算法是数字经济（或智能经济）的真正推手。一切价值的生产均由算法驱动，生产效率、质量和成本竞争的背后是算法的比拼。在传统的优势企业中，"算法"依赖于经验和知识丰富的管理者，他们的计划、分工、监督、指导和激励约束着不同的主体协同工作。在新的优势企业中，全部生产活动和大部分管理活动由系统算法和终端设备完成。人才的标准终于从经验、知识、善断等传统的标签中脱离出来，直接转化为"编程"（让算法更优化）的能力。

算法将形成巨大的市场，而且是真正的产业上游。在市场的起步阶段，一些公司提供的算法应用软件（如 R、S-Plus、SAS、JMP、SPSS 等）作为软件产品面向学校和算法需求企业。随着市场需求的演化，这些算法应用软件一方面加快功能升级，另一方面开始进行 SaaS 化部署。在我国算法市场发展的初级阶段，掌握特定应用场景算法核心能力的公司在相应的垂直赛道中成为独角兽。例如，以商汤、旷视为代表的机器视觉算法公司的核心应用场景是"人脸识别＋智能安防"；以字节跳动（其产品包括今日头条和抖音）为代表的内容社交公司的关键能力是内容推荐算法。

在算法市场化的发展阶段，诸多市场主体基于大企业基础设施和平台服务，引入开发者机制，将具体的算法开发任务交给 AI 开发者，形成"无数开发者＋单一平台＋无数企业用户"的理想形态。2019 年 3 月，华为云发布华为云 AI 市场，包括 AI 模型市场、应用程序编程接口（Application Programming Interface，API）市场、Wiki 数据集、竞赛 Hub 和案例 Hub 等模块。其中，华为云 AI 模型市场可供开发者和应用者发布和订阅 AI 算法模型。不久之后，阿里云发布了机器学习平台 PAI 的 3.0 版本，并配套推出了算法模型市场，细分了几十个场景的算法模型专区。紧接着，百度对此前已经推出的产业链服务平台——百度 AI 市场进行了版本升级。百度 AI 市场 2.0 的展示和售卖方式更加多元化，并着重强调了买家可以发布需求，由 AI 开发者提供相应的定制化服务。其中，一家初创公司和鲸科技开始崭露头角。

算法市场的另一面是设计并拥有算法的人控制着数据的解释和呈现方式，这是一个新的社会治理课题。

3. 算力

算力也称算能，是提供计算服务的能力。算力提升，意味着通过计算获得的功能、服务和体验更好。今天，一部普通手机的算力甚至比美国航空航天局 1969 年登月计划中最先进计算机的算力还高出几百万倍。

算力取决于设备运行能力（其核心是芯片的性能），而算力的成本，除了设备的采购成本，更重要的是电力成本。从成本和效率的角度出发，将算力不同的计算单元联合在一起，弹性响应计算请求，这就是云计算服务。目前，云计算服务的类型主要有三类——IaaS、PaaS 和 SaaS。

当前，云计算市场发展迅猛。国外的主要品牌有亚马逊的 AWS、微软的 Azure、谷歌的 Google Cloud Platform、IBM 的 Softlayer；国内的主要品牌有阿里云、百度云、腾讯云，其他发展较快的有华为云、网易云、美团云、京东云、金山云、UCloud、小鸟云、青云、七牛云等。

4. 人才

数智技术人才是目前人才市场中最紧缺的。2019 年，我国人力资源和社会保障部发布了包括企业数字管理师、大数据工程技术人员、云计算工程技术人员、AI 工程技术人员等在内的 13 个新职业，但配套的能力标准和认证规范尚未出台。各地高校纷纷响应，仅南京市就有南大、南理工、南航和南邮在一年内成立了 AI 学院，但由于培养周期长，远水不解近渴。围绕企业数字化能力的市场化培训迟迟没有开展，其原因可能是对需求的认识还比较模糊，而新的数字化知识体系并未建立，讲师资源匮乏。

5. 资本

2018 年 9 月，国家发改委联合教育部、科技部、财政部、证监会等 19 个部门发布《关于发展数字经济稳定并扩大就业的指导意见》，支持私募股权和创业投资基金投资数字经济领域，增强资本市场支持数字经济创新创业能力。目前，全国约有 30 个省级行政单位出台了与数字经济相关的规划，绝大部分规划都提到了配套的产业引导基金和资本扶持。

在民间资本市场，数字经济是投资的主要方向，大数据、云计算、AI 和区块链等技术的商业化应用成为投资热点。与此同时，数字技术也在改造传统的投资模式，例如，通过大数据挖掘发现投资标的，运用智能算法评价投资价值和风险，搭建赋能服务平台深化投后管理等。

6. 设施

数字经济基础设施既包括硬件、通信网络系统和操作系统，也包括相关的标准和法规。硬件包括一切具备数据采集和运算能力的终端和后台设备设施，如手机、机器人、工作平台和智能生产线。公共通信网络系统包括通信网、广播电视网、互联网、数据中心和云计算中心等设施。标准从 4G 跨入 5G，从个人、家庭扩展到工业和城市服务。操作系统的竞争也从 PC 端延伸到移动端甚至 IoT 应用基础场景，如自动驾驶、智能家居、智慧城市等。

在标准方面，市场监管部门领导产业联盟、龙头企业和社会组织制定数字经济领域的国际标准、国内标准和行业标准；在法规方面，2019 年《信息安全技术个人信息安全规范》《银行业金融机构数据治理指引》等相继出台，2021 年《个人信息保护法》《数据安全法》等相继颁布实施。

2.2　数智经济的演进过程

数智经济是数字经济发展到某一里程碑阶段的独特经济形态表现，是当前数字经济发展的最佳实践。在腾讯研究院、阿里研究院等机构中，在有关数字经济发展的各类报告及趋势解读中，"数智"这个关键词被提到的次数逐渐增多，而且这些报告通常将各类数智产品、数智企业或数智产业的某种实践作为最佳实践案例。然而，较为严谨的关于数智经济的概念解读、演进过程分析及动力机制研究等的基础理论体系还未构建起来。

从当前国内外相关学术文献来看，一些学者基于一般经济系统的演进与发展过程对数字经济的发展做了一些初步的探索。例如，唐杰（2018 年）将数字经济演变过程划分为数字建设、数字生产、数字网络和数字社会四个阶段；张化尧等（2020 年）基于文献分析方法，将数字经济划分为由 ICT 驱动、以电子商务为基本应用领域的阶段，以知识为关键生产要素、加速数字化产业发展的阶段和以平台组织为支撑、共享经济推动智能制造发展的阶段；张路娜等（2021 年）从范式构成和范式演进两个维度构建了动态分析框架，对数字经济演进的机理和特征进行了系统分析，并将数字经济演进过程划分为技术经济范式导入期、技术经济范式拓展期和技术经济范式成熟期。

然而，数智经济并非完全等同于数字经济，其虽继承了传统技术经济演进发展的一般范式，但也有许多独特之处。我们应该如何对其演进过程进行阶段划分？具体可以划分为几个阶段？每个阶段的基本特征是什么？推动数智经济演进的动力机制包含哪些内容？这些基础性的问题还未得到充分研究。更重要的是，当前全球数字经济已全面进入数智经济发展窗口期，全面深入研究数智经济的演进过程、动力机制及其复杂性应对方法，不仅是数智经济基础科学的研究需要，也是数智经济产业政策制定的现实需要，更是抢夺全球数字经济基础理论研究高地的时代要求。

2.2.1　数智经济演进过程分析

数智经济的形成、发展与演进是数字技术创新、数字技术产品化和商业化、数字技术产业协同创新、传统产业数字化转型及数字社会治理制度构建与不断完善等综合作用的结果。如同农业经济的演进过程可以划分为完全靠天吃饭的原始农业、手工操作的传统农业、机械化的近代农业和智能化的现代农业这四个阶段，又如同工业经济的演进过程可以大致划分为机械制造期、电气与自动化期、电子信息与智能控制期这三个阶段，数字经济的演进过程也可以划分为端点期、联网期、智能期这三个阶段，如表2-1所示。

表 2-1　数字经济演进过程

	数字经济端点期	数字经济联网期	数字经济智能期
起止时间	20世纪四五十年代到七八十年代	20世纪80年代到2010年	2010年到2050年
新技术	电子计算机及各类数字技术取得重大突破并且被广泛应用，以及传统工业和农业的自动化改造	互联网技术取得重大突破并被广泛应用，以及传统行业的网络化改造	大数据、云计算与AI等数据处理技术取得重大突破
新产品	以电子计算机及各类数字产品的出现为代表	以个人计算机、手机及各类信息软硬件产品的大量涌现为代表	以各类平台化软硬件产品的出现为代表

（续表）

	数字经济端点期	数字经济联网期	数字经济智能期
新产业	催生了半导体、集成电路和电子计算机等微电子信息产业新业态	催生了网络通信、网络交易、网络社交和网络信息服务等新业态	催生了平台经济与共享经济等新业态，催生了大量数据采集、存储、计算、交易和应用新业态，催生了大量的帮助传统产业实现数字化改造的新业态
新要素	社会和世界的数字化，小样本关键信息的单维度数据	社会和世界的网络化，联网化后的数据大爆炸，无法大吞吐处理的低维度中样本数据	社会和世界的网络化和 IoT 化，高维度、可大吞吐处理的流动大数据
产业改造	各类产业的数字化与自动化改造	各类产业进一步的数字化与自动化改造，而且增加了网络化改造	各类产业进一步的数字化、自动化和网络化改造，而且增加了智能化改造
经济结构变化	农业经济比重下降，工业经济占主导，数字经济范式逐渐形成	农业经济比重下降，工业经济比重下降，数字经济比重上升，网络经济范式逐渐形成	农业经济比重下降，工业经济比重下降，数字经济比重上升，网络经济范式成熟，数智经济范式逐渐形成

2.2.2　数字经济端点期——小数据数字时代

数字经济端点期即数字经济萌芽发展期，大致为 20 世纪四五十年代到七八十年代。该阶段的主要特征是，半导体和集成电路等关键电子信息技术和数字技术研究及相关产品研发实现了较大的突破。基于这些新兴技术的计算机及其周边产品、企业和产业逐渐形成。以英特尔、德州仪器和仙童半导体为代表的电子信息企业获得了巨大成功，以电子计算机、半导体和集成电路为特色的新兴技术产业群开始出现。然而，基于半导体、集成电路和电子计算机及其周边产品的经济规模占比依然不高，与之配套的社会经济制度尚未形成，由传统电气化技术经济范式驱动的石油、化工、汽车和航空等工业经济形态依然是此时期全球各国经济活动的主导形式。

在基础设施建设方面，与轮船、火车和汽车工业相配套的电子自动化水运码头、海运港口、铁路和高速公路等基础设施建设仍然是该阶段基建的主要内容。全球通信仍然以电子模拟信号通信为主，全球互联网还未发展，联网主要局限于科研和实验室应用。

在数字产品形式方面，虽然在一定程度上实现了通信的电子化、信息量化和数字化，但数字元素本身依然无法强依附于软硬件产品，数字交易主要以如何实现更高效的数据采集、存储和计算的技术支持交易为主，而且主要表现为产出物而非生产元素，独立的数据交易市场尚未形成。

在数字商业模式方面，数字交易主要是计算机及其周边软硬件产品的交易，交易主体主要是科研和企事业单位，主要目的是促进实验、教学、研究和办公或某些高端制造业流水线的自动化。产品技术创新和工艺创新是市场核心竞争力。

在经济治理方面，企业和行业协会起主导作用，建立统一通信标准和接口、实现互联互通是该阶段数字化治理制度构建的主要内容。

2.2.3 数字经济联网期——中数据联网时代

数字经济联网期大致为 20 世纪 80 年代到 2010 年。此时，全球互联网标准协议（1989 年的万维网协议）、个人计算机和移动通信终端软硬件产品和服务技术开发实现了巨大突破，依附于个人计算机的发明、移动通信设备及全球互联网的新产品、新服务、新业态和新商务模式得到蓬勃发展，互联网用户数量高速增长，新闻门户、电子邮箱、网络搜索引擎、社交网络和电子商务开始出现，全球各地相继进入互联网信息时代。例如，微软、诺基亚、摩托罗拉、苹果、谷歌、百度、阿里巴巴、腾讯、雅虎和新浪等互联网产品与内容创新公司及提供通信服务的移动通信运营商等迅速成为最具竞争力的企业群体。此时，全球各地相继对网络信息产业的发展予以高度重视，与数字经济相关的互联网产业政策和法律法规等社会经济制度构建进入快速发展期。此时，数字经济产业比重不断上升，传统农业、工业和服务业的改造进入信息化和网络化改造阶段，但依然不是社会经济形态的主导力量。

在基础设施建设方面，为了实现更好的互联网通信服务，基于个人计算机或智能手机的通信网络基础设施建设成为重点内容。

在数字交易形式方面，个人移动通信、互联网信息发布、搜索和社交软硬件产品或服务的交易成为主要内容，个人固定与移动通信设备、个人计算机及软件产品得到大规模应用。数据元素本身逐渐从具体的软硬件产品中独立出来。

在数字商业模式方面，交易主体快速渗透到个人工作、生活和消费的各个领域，数字技术产品化和数字技术产业化成为主要的商业模式，基于互联网信息与内容的商业模式创新成为产品与产业创新的主要形式。

在数字经济制度治理方面，全球性的移动通信标准、网络通信协议和操作系统逐渐形成，数据安全、网络安全和商业秘密安全逐渐成为社会治理的重点内容。

2.2.4　数字经济智能期——大数据智处理时代

数字经济智能期大致为 2010 年到 2050 年，该阶段的典型特征主要表现为，互联网、大数据、云计算、AI、数字孪生和 IoT 等新兴技术井喷式发展。由大数据、云计算和 AI 支撑的电子商务、网络信息搜索、网络社交、网络游戏、共享出行和大数据金融等新产品、新业态和新模式大量涌现，全球互联网用户数量继续大规模增长，亚马逊、阿里巴巴、谷歌、Facebook、腾讯和百度等互联网企业相继从技术创新型企业转向内容和服务创新型企业，实现更高速度的发展。此时，数字技术、产品和产业的影响力渗透到生活、生产和学习的各个领域，数智经济产业逐渐成为主导型产业，驱动传统产业的数智转型升级成为其主要内容，数智经济社会经济制度构建继续完善。

在基础设施建设方面，全球性的移动通信网络及计算机网络基础设施基本建成，但追求更高吞吐、更低成本、更高效率、更强安全性的数智经济新型基础设施建设刚被提上日程。在数智产品交易形式方面，数据元素开始脱离具体的软硬件产品，形成了相对独立的数据采集、数据存储、数据运算、数据通信、信息服务、知识服务等数智产品交易市场。在商业化模式方面，数据开始真正成为不可或缺的生产要素，基于数据的融合创新成为数字商业模式的主流。让传统产品插上数智化翅膀成为产品创新的主要形式，企业业务和管理的数智化成为企业转型升级的主要方向，提升产业的数智能力和数智效能成为产业转型升级的主要内容。在数智经济社会制度安排方面，数据安全、网络安全和商业秘密安全成为世界各国经济发展与社会治理的重点内容。

2.3 数智经济的演进机制

数智经济的演进过程是其独有秉性与社会经济、文化、制度等多种因素力量共同作用的结果，其演进机制包含以下几个方面的内容。

2.3.1 超范围渗透、破圈与跨界机制

数智经济不仅可以产生规模经济效益，而且具有超范围经济渗透与客制化价值捕捉能力。随着有关数字产品的技术、知识与经验的积累，数智经济通过数据共享打通了市场和生产系统之间的信息壁垒，并通过用户需求的大数据分析、精益的互联网工业制造和多品类产品生产协同，在战胜了规模生产的成本挑战的同时还战胜了强用户体验的客制化挑战，进而实现了高价值的长尾效应能力低成本萃取，避开了大众化产品的红海竞争压力。

数智经济具有超强的跨边、跨界和破圈特性。信息熵理论、弱社交理论和创新理论表明，跨边交流、破圈行为和跨界运营更具颠覆性。数智经济不仅可以给同类的种群个体带来价值增值，还可以通过跨边网络效应打

破传统人际交往造成的信息茧房，突破传统企业内外协作过程中的层级结构障碍，瓦解阶层固化的束缚。数智经济的去中心化和扁平化特性，使得基层员工与高层决策人员可实现更加对称的工作互动和个人价值实现。数智个体、产品、企业和产业的多重圈层属性使得不同类型的个体、产品、企业和产业之间的圈层实现了重叠和交织，打破了不同个体之间的圈层壁垒，使不同社会阶层之间的高效资源互换与同台竞技成为可能。正是这种强跨界破圈属性让数智经济更具竞争力和吸引力。

2.3.2　无限价值复制、迭代与再生机制

数据成为取之不尽、用之不竭的新生产要素是数智经济有别于传统的农业经济和工业经济等经济范式的根本所在。个人使用数据并不影响他人使用数据的非竞争属性为数智产品的研发、生产与供给所需要的数据充分流动和共享创造了条件，推动数智产品边际成本无限趋近于零。正是数据的这种无限复制和非竞争属性，使得数智经济更具魅力，推动传统经济向数智经济转型。

数智产品具有价值再生性，不仅可以给购买数智产品的用户带来良好的用户体验和价值满足，而且可以给其他关联网络用户带来额外的参考、效仿和派生价值。在数字生态系统中，个体、企业和产业等数智经济活动个体，既是数据信息获取者，又是数据信息供给者，既是数智产品消费者，又是数智产品生产者和创新者。通过数据的创新采集、处理、应用、回收和利用，数据可以实现无限次的价值再生，这使得数智经济具有传统经济无法比拟的竞争力和吸引力。

2.3.3　关键核心技术创新驱动的竞争机制

数智技术系统演进以数智关键核心技术研发的重大突破与创新为主要动力来源，并通过这些关键核心技术的创新竞争机制来驱动数智经济企业之间及数智经济产业之间的技术赶超与市场竞争。数智经济演进过程分析

表明，数智技术创新的演变过程符合高新技术创新的演变过程的基本逻辑，即符合克里斯托夫·弗里曼（Christopher Freeman）等人提出的从增量创新、基本创新、新技术体系的变革到技术经济模式的变革的发展过程，符合从单点技术创新到多点技术协同创新的基本过程，符合詹姆斯·厄特巴克（James Utterback）和威廉·艾伯纳西（William Abernathy）提出的技术创新从产品创新到工艺创新再到产品功能与性能的渐进式创新的基本过程。更加重要的是，推动数智经济发展的这些关键核心技术须以大数据、AI、互联网和 IoT 等技术的协同创新为基础，利用好并发展好数智经济关键核心技术是数智经济行稳致远的关键。

2.3.4　异质数智市场需求拉动的选择机制

数智需求系统演进以用户数智产品或服务需求偏好的异质性与生长性为基本拉力，并通过市场选择机制倒逼数智经济企业和产业进行市场竞争。在数智经济中，随着各类数智产品的推出，消费者变得更加敏感，更加追求个性、互动性和强体验性，消费群体偏好演变过程加速，倒逼数智经济企业和产业快速迭代和创新，提升其新数智产品的供给能力和新消费场景的构建与推广能力。

需要注意的是，数智技术系统与数智需求系统是相互联系、互为推拉的整体。没有大量且体系化的数智关键技术的科学研究与工程技术的重大突破，就没有数智经济的崛起。同样，没有不断增长的数智消费群体，没有不断变化的数智需求偏好水涨船高的需求分化，数智技术创新就无用武之地，数智企业和产业将失去生根发芽与价值实现的土壤。正是这种互为推拉的系统力量的变化推动着数智经济系统不断发展（见图 2-1）。

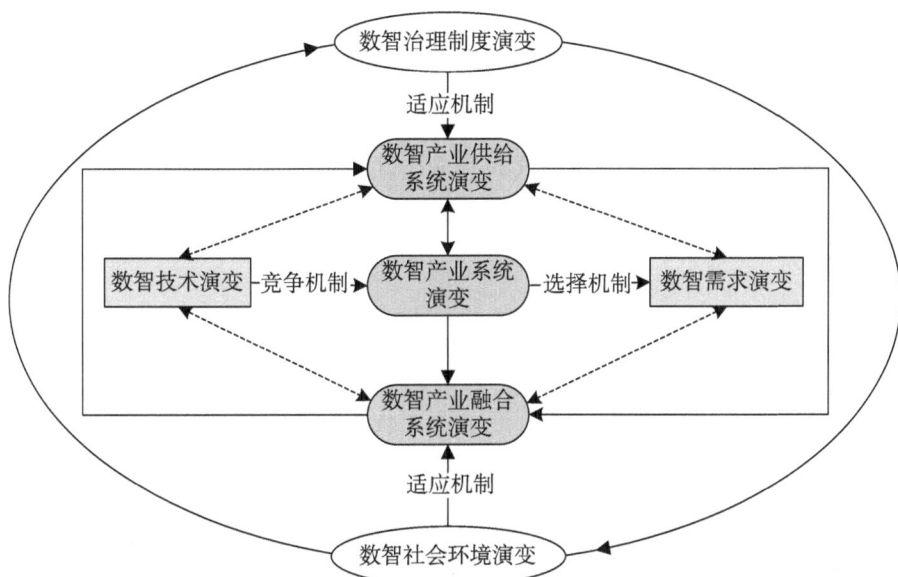

图 2-1　异质数智市场需求拉动的选择机制

2.3.5　数智产业协同发展创新的融合机制

在数智经济发展与演变过程中，不同数智企业、产业的数智市场需求理解力、数智技术创新实力及数智产品生产、供给与配送能力存在差异，这种能力差异性是数智企业、产业相互竞争与协作的现实基础。为了摆脱优胜劣汰的命运，持续的数智技术学习与创新成为数智企业开展市场竞争的必然选择。为了提升自身的价值创造能力，不同类型的数智经济主体在相同的产业、产业链、产业网或产业生态圈中相互渗透、相互竞合、相互包含或融合发展，这成为推动数智产业化和产业数智化融合发展的主要内容。当数智技术系统对数智产业的驱动力大于数智需求系统产生的拉力时，产业数智化就会成为数智经济发展的主要内容。例如，在数字经济端点期和联网期的早期阶段，电子技术和信息技术对社会经济产业发展的驱动力较强，整个社会数字经济发展的主旋律是数字产业不断蓬勃发展。反之，当数智需求系统对数智产业的拉力大于数智技术系统产生的驱动力时，数智产业在数智经济发展中的重要性就会变得更高。例如，在数字经济联网期的后期阶段和数字经济智能期，随着互联网用户的增长及用户数智需求偏好的水涨船高，基于用户需求偏好异质性的各类产品数智化创新将成为市场竞争的主要内容。此时，产业数智化自然而然成为社会经济发展的主要内容。

2.3.6　数智安全风险协同治理的框定机制

在数智经济发展初期，数智经济产业政策引导、扶持和孵化是应对数智经济发展初期普遍面临的技术不确定和市场不确定风险的重要手段，包容性监管有时可以让萌芽期的数智产业得到良好的发展环境。

但是，随着新兴数智技术的发展及新兴企业、产业与生态的不断涌现，数智技术的潜在风险不断凸显，如何用好新兴数智技术，减少新兴数智技术带来的不确定性的负面影响，成为数智经济发展与演进迈向正确发展方向的重要课题。如何构建好数智经济隐私保护、数据确权和交易制度等治理机制，直接关系到数智经济的长远发展；如何规范好数智经济新兴企业、产业与生态的不断涌现所带来的管理冲突、利益冲突与价值冲突，是数智经济能否顺利发展的关键问题。

2.3.7　数智生态环境的适应性选择机制

数智经济发展与演进是否顺利，还与社会、经济、法律、政治与文化建设等环境建设的状态变化直接相关。社会、经济、教育、法律、政治和文化等环境系统演变是数智经济持续健康发展的空气、雨水和土壤，为数智经济发展提供物竞天择的生态适应性机制。

在数智经济发展过程中，与数智经济相关的法律法规、人才培养及社会文化氛围在逐步构建和不断完善。前瞻性地构建数智经济生态环境系统可以更好地推动数智经济的健康发展。反之，滞后被动地弥补数智经济生态环境系统的不足将阻碍数智经济的快速发展。数智个体、企业和产业如何根据外在数智经济生态环境的变化而变化是数智经济演进的动力来源。

2.4　数智经济带来的超级红利

数字技术在今天代表了全新的生产力，它必然驱动传统生产要素的创新、传统生产方式的变革及传统产业结构的打破和重建。例如，以数字化和智能化为核心的数字化网络协同、在线即时、算法智能、混合体验等为下一轮生产力发展带来了变革性的力量。

2.4.1　数字化网络协同效应加速供需市场融合发展

数字化应用加深加速，被网络化互联的主体或节点也在极速扩展。据预测，未来几年内全球将有 500 亿个终端被连接到网络上。具体的连接形态也在进化之中，例如，从被动连接转向主动连接，从信息互联到人际互联再到设备互联直到价值互联，连接趋向泛在化，并带来了三个子类的网络协同红利。

一是需求发现。过去，市场中某种特定的需求被识别发现，往往需要经过多个市场主体的信息交互。营销人员通常以漏斗来形容需求发现中的信息衰减现象。网络互联可以让任意节点的需求直接传递出去并被读取。这种相互发现经历了信息门户的阶段，现在通过推荐算法变得更为精准和高效。由于数字化互联网络的存在，拥有不同需求的主体之间通过信息交互相互影响，同类或相似的需求信号被叠加、放大，从而产生了共态需求潮汐现象。

二是产能共享。传统市场中的产能以离散且孤立的方式，作为不同的生产单元而存在，相互独立、相互竞争。一旦原先分隔的生产单元被连接起来并形成生产网络，就有可能成为像海尔卡奥斯或美的美智云网这样的智能制造平台。被融合到智造平台中的不同能力要素得到高效整合之后，就可以面向具体的订单，将设计、采供、加工、质检、物流和售后等环节一体化。这种协同优势是传统市场中的"盲选"机制所无法企及的。

三是价值普惠。过去，先进地区（群落）对落后地区（群落）以农业级或工业级的节奏进行渗透和改造。实现网络化之后，市场中不同空间、不同业态内的多方有可能直接碰撞并加快融合。例如，江苏省内苏南、苏中、苏北地区之间经济、文化落差大的现状有可能通过网络化产生价值拉平的新效应。

因此，透过需求侧的互联互通，可形成消费发现、消费聚合、消费升级的平台效应。例如，江苏经济总量大，居民消费相对活跃，但省内不同区域的消费水平和消费文化存在差异。如果能建立覆盖广泛的消费互联平台，就有可能通过挖掘消费全域数据识别广泛的共性需求、关联需求和差异需求，其中当然也包括研发、生产和服务端的产业需求。江苏全省经济供给侧的互联互通有助于实现省域级的优势产能融合，带动落后产能加速转化升级。如果将需求侧与供给侧互联打通，将促进真正的市场融合，最大化地获取数字经济网络协同效应带来的红利。

2.4.2　数字化在线即时效应显著提升经济运行效率

数字红利不仅体现在通过泛在网络对空间的无限拓展上，还体现在时间革命上。在生产和消费活动中，时间一直是制约效率的根本因素。我们过去难以摆脱的动作和形态延迟由于数字化的"魔法"而被根本性地、历史性地改变了。

一是信息传递即时化。传统的信息传递方式，如邮寄、电报、电话等，依赖于传统基础设施的投入、建设和运营。这些设施建设周期长、运维复杂且互不兼容，实际进行信息传递时效率不一，更不能避免过程中发生时延。实现数字应用后，通过在线化，信息交互几乎没有时延，而且边际成本趋近于零，用户量和用时几乎无限量。因此，生产线上的加工制造、企业内的经营活动和市场中的供求变化等会发生新一轮的效率革命，同时也会出现更高频的波动和更短的周期。知识更新和学习革命也会随之发生。

二是动作路径即时化。在传统的生产模式中，生产线上不同主体、不同工序之间需要物体的流转和质量等信息的人工确认，而数字化让所有动作过程和输出质量同时被侦测和确认。生产线上的即时协同不仅改变制造环节，还改变设计环节，网络协同设计让分工不同的设计者可以同步进行复杂系统的多维设计。

三是技术应用即时化。在传统的研发系统中，从研发到认证到成果落地需要很长的周期。数字技术应用实现了知识产权信息的跨系统搜索、智能化识别推荐和生态化产业应用，大大减少了技术转化的过程环节，显著节约了时间成本。技术应用即时化的一个典型形式是前端应用技术系统的在线即时升级，另一个重要形式是共性技术的平台化部署。

可见，数字化能够驱动更多的生产过程、管理活动和市场行动实现在线化。全面的在线化可以大大缩短作业时间，实现生产、生活各领域的效率提升。从江苏视角来看，首先要推进全省在线化基础设施的建设和覆盖；其次要推进在线化应用平台的建设，包括政务在线和城市在线，更重要的是市场全要素、全过程在线化；最后要通过在线系统逐步实现数据信息的全省同步共享，商业协同的规则、机制、方法同步共享及科学、技术、工具的同步共享。

2.4.3 数字化算法智能效应促进科技水平跨越发展

AI 的本质是机器智能，是数字技术支撑的数据、算力和算法的融合创新。它是数字化过程中最具革命性的因素，让过去依赖于人脑进行的观察、记录、统计、分析和决策等都可以交由机器系统更快、更精准地实现。这个过程产生了三种效应。

一是知识的长板化。在不同的市场主体中有丰富的最优方法和最佳实践，既有的知识和工具可以更高效地被后来者检索、学习和应用。同一时期不同空间的发明创造通过程序语言转化为程序组，可以迅速成为其他空间中人员的新能力。算法市场成为最新、最有吸引力的知识市场和能力市场。

二是系统的精准化。在程序或算法系统的驱动下，制造系统、设计系统或服务系统等对要素、质量和成本的把控更精准、更稳定，精密化制程、高危类作业将依赖机器智能实现制造、装配和输送。算法智能可以通过机器学习（深度学习）迅速自我进化。

三是算力的无限化。5G通信、量子计算、生物储存等技术使算法智能依附的算力趋于无限。算法智能中的遗传算法、神经网络等具有分布式及局部独立的特性，神经网络中的一条链路跟另一条链路是同时进行计算的，相互之间没有依赖，因而可以采用大量小核心同时运算的方式来加快运算速度。机器学习已经出现更优的自学习机制，如深度学习中的进化算法和学习算法的结合，算法智能将几乎"无所不能"。

因此，要抓住算法智能这一变革性的力量，汇集数据资源，吸引算法人才，通过独特的算法智能资源赋能各业、各界形成产品和服务方面新的市场竞争力。

江苏在两化融合过程中一直走在全国前列，尤其是信息软件业比较发达，软件著作权丰富，软件应用普及。基于这种基础，江苏应及时规划将信息化应用升级为数智化创新，从软件强省升级为算法强省；基于算法升级和算法普及，迅速提升苏北等相对落后地区的竞争力，进一步盘活全省巨大的产业基础设施，提高资源效能。

2.4.4　数字化混合体验效应助力人文经济发扬光大

数字技术由人推动，也以人为本。人的大脑及眼、耳、鼻、舌、身在数字技术的辅助之下，将获得更多维的新体验。以人为中心的身心体验与强大的机器智能需要建立新的平衡。

一是体验至上。数字化让产能迅速扩大，市场中物品充足，人们的基础消费几乎已经普遍得到满足。不同个性、不同场景下的体验消费成为消费升级的主旋律，以客户为中心进一步转变为以客户体验为中心。产品包装、个人美容和企业形象打造较之过往更受重视，意见领袖逐步转变为形象领袖。

二是 VR。VR 是应用数字技术实现的体验仿真，它可以超越时空，摆脱物理世界的局限，让人上天入海或直视微观世界的具象。通过 VR 建立孪生系统可以极大地拓展建筑或工艺设计视角，丰富学习或社交体验，创造新的文旅或艺术体验。

三是增强现实（Augmented Reality，AR）。AR 将原本只能通过模拟信号传递和识别的实体信息大大拓展，我们可以"看"到更多、"做"到更好。通过智能化的模拟仿真，虚拟信息和模拟信息叠加，从而实现超越传统的感官和知觉体验。日常化和可穿戴是 AR 的未来发展方向。

数字化带来的混合体验将对人文体验感受创造产生重大影响。江苏是文化大省，应以"江苏人、江苏情、江苏体验"为内在价值尺度，以数字技术为实现工具和载体，实现新的形象升级和社会进步。

2.5　数智经济生态思维

思维决定行动。思维虽然首先表现为个体对事物的认知模式和态度倾向，但真正思维独立的个体并不存在。人与人社会化存在的一个基本面，就是同一个时代的底层思维模式大致是相近和相通的。这种相近和相通主要是因为在同一时代，人们使用的生产工具、采用的生产方式及由此结成的社会关系（从上层建筑到文化习俗）是相近和相通的。

如果我们把人类的底层思维看作"根思维"，那么"根思维"应包括三个维度。一是根本利益的出发点，即人们基本追求的原动力。二是实现价值的依靠点，即实现利益目标的根本方法。三是处理关系的支撑点，即处理不同主体利益关系的基本原则。以大时代变革的视角，人类的"根思维"从农业时代、工业时代到数智时代，以上三个维度均发生了历史性的变化。

2.5.1 利众思维

在人类"根思维"中，根本利益的出发点在不同时代是不一样的。在农业时代，"利己"是人生追求的原动力。所谓"守好自己的一亩三分地""自扫门前雪""防人之心不可无，害人之心不可有"等，都是这种思维的写照。其底层原因是，农业时代的生产力低下，人们使用简单的工具从事手工劳动。劳动方式是个体式的，生活方式是家庭化的。不同个体之间只有简单的商品交换和社会事务的参与处理。因此，人与人之间整体上是弱关系，"利己"是最重要的生存法则，但同时主张"不损人"，以维持公序良俗。在一些村庄、家族之间也有协作互助，但那是基于"利己"的本能，在初级的社会化中采取的因应之道。

在工业时代，"利他"成为群体性的基本主张。这个"他"主要是指自己的客户或用户，"以用户为中心"的说法被提出。同时，对管理者来说，"他"也指员工；对投资方来说，"他"也指管理层。也就是说，工业时代强调一个经济组织与其用户之间及成员之间是利益共同体。其底层原因是，工业时代靠大机器生产和企业化复杂组织运行，所以相关的供需和协作链上的人与人之间形成了"强关系"。如果仍停留在"利己"的层次，就无法赢得客户和员工的认同，无法持续扩大再生产。与农业时代的"利己"相比，工业时代的"利他"是一种进步，但在利益共同体之外，也会出现损害公共资源和环境秩序的可能性，因为整体的法制和法治修订存在时延。

在数智时代，根本利益的出发点升级为"利众"。个体的人生意义、企业的经营使命、政府的事业目标依托于全体公民、所有的劳动者、所有的消费者。这种出发点要求企业经营以社会责任履行为前提，个体行为以公益价值创造为前提，政府运行以公民全体福利增加为前提。其底层原因是，数智技术让全部经济活动互联互通，也让所有社会关系休戚与共，每个价值创新或消费单元都要以整体价值最大化为逻辑前提。

"利众"思维要求区域经济发展战略既要服务于区域内全部主体（包括

直接经营主体、消费主体、投资主体及市场监督和社会服务等主体）利益的最大化，也要主动融入更广范围、更高层面的经济社会发展圈层，让经济发展有益、有助于全国市场和国际社会。

从江苏的视角来看，就是经济的发展既要惠及苏南、苏中等发达地区，也要惠及苏北等欠发达地区；经济发展成果既要体现一次分配的效率准则，也要体现二次分配中的公平规则，还要反映三次分配中的道义诉求；经济发展模式既要有当前的速度和质量，也要有长远的潜力和价值。同时，江苏经济的发展应服务于长三角一体化发展、长江经济带保护与开发，以及在全国经济乃至全球经济整体系统中建立新的双循环和再平衡。

2.5.2 创见思维

人类"根思维"的第二个维度是实现利益目标的根本方法。随着时代的演变，人们所主张的实现价值的核心能力也在变化。

在农业时代，主要的能力来源是经验。不管是农民、铁匠还是猎手，经验的丰富或贫乏都是贫富分化的主要影响因素。其底层原因是手工劳动的工具和生产方式，手工劳动决定了提高效率主要依靠劳动者个体的熟练程度，个体化的生产方式决定了不需要更加复杂的分工和协作方法。

在工业时代，决定企业和个人成败的主要因素从经验转变为知识，也包括技术。其底层原因是劳动工具变成了机器设备和传动系统，不管是设计、加工还是检测、维护，过往的经验都不能再发挥作用。因此，科学技术成了第一生产力，知识就是财富。工业时代的知识爆炸带来了教育产业和科研产业的兴旺发达，促进了实体产业的繁荣发展。

在数智时代，知识或技术摆脱了"模拟语言"的形式，也就摆脱了仅依靠人脑研究和发明的模式。由于"数字语言"可以经由计算机比人脑更快、更准确地处理信息、验证方法，因此传统的知识变成了 AI 系统可以大量生产和供应的"产品"。而人的核心能力需要找到新的依靠点，那就是"创见"，即超越原有实践系统基本规则和原有知识系统基本命题的能力。

在区域经济发展战略上，我们认为创见力主要体现为：换道超车，以新思维确定新定位和新路径；换位协同，以新角色构建新模式和新功能；换装创新，以新策略实现新要素和新形象；换档提速，以新资源实现新质量和新效率。

从江苏的视角来看，一方面要继承江苏农业和工业经济的深厚积累，秉承江苏几代创业者的率先精神和优良风范，另一方面要意识到以数字技术为代表的新兴生产力的革命性，以数智化转型为代表的产业换代的颠覆性，勇于破除旧思维，摆脱老经验，以全新视角、全新格局、全新模式推动全省经济再出发。

2.5.3　共生思维

人类"根思维"的第三个维度是如何处理不同主体的利益关系，其答案同样随着时代的变迁而不同。

在农业时代，人与人、族与族、国与国之间的关系以竞争为主。在同一治理体系内，为了弥合冲突，只能采取礼、法并治。

在工业时代，不同劳动者、企业或政府之间更强调合作。当然，合作主要发生在分工协作的"强关系"范围内。在企业内部不同岗位或部门之间，合作能让整体利益最大化；同一产业链的上、下游企业之间也会自发形成技术标准和协作规则；国家之间形成了联合国、世界银行及其他各类国际组织，新的协作理性超越了旧的竞争传统。

在数智时代，有限的关联方之间的合作已经不够，共生成为基本的选择。合作与共生的区别主要体现在两个方面。一是范围不同，合作是有具体指向的，如企业内、供需双方或联盟体，而共生是全部，即市场中所有的主体。二是价值诉求不同，合作是基于自身利益而向对方让渡利益，共生是基于共同利益而约束自身利益。共生的底层原因是数智时代的网络互联效应使工业时代定义的蝴蝶效应成为普遍现实，任意节点上的资源和技术变化都能迅速影响其他节点的形态和价值。

　　基于共生思维的区域经济发展战略，要兼顾区域内处于不同生产力水平的经济地域和产业领域，要平衡经济与社会发展结构和要素，协调发展效率与分配公平，在助力优势生产力和资源引领发展的基础上更加重视全域发展和共同富裕。

　　从江苏的视角来看，要正视在全省经济发展过程中各地级市之间竞争大于合作的现实，正视苏南与苏北差距有可能持续扩大的挑战，要在各级干部头脑中强化"融合""共同"的新思维，视江苏经济为一个整体，打造经济发展的新兴前台、共享中台和赋能后台，形成真正的全省经济社会发展共同体。

03

第 3 章

战略构想

我国正在按照新发展理念积极构建以国内大循环为主体、国内国际双循环相互促进的新发展格局，这为数字经济的发展带来了重要机遇。国内企业要想把握住这一机遇，就必须加快创新，尽快完成数字化转型升级，在发展战略上着眼于平台战略、智能战略和生态战略，并制定适合自身发展需要的战略目标。

3.1 平台战略

在传统产业被迫转型的时代，平台战略是企业数字化转型升级的契机。平台战略可以从职能导向、流程驱动和平台协同这三个方面加以考虑。

3.1.1 打破职能导向

传统的职能型组织固然有其优点，但也有诸多缺点。在数字化转型期，不论是政府的宏观经济治理还是企业自身的经营管理，都要求打破这种职能型组织结构。

1.职能型组织的主要特点是内部分工常态化

目前，政府行政管理的组织结构是职能型的，政府职能型组织的主要功能包括经济调节、社会管理、市场监管、生态环境保护和公共服务提供等。政府的职能包括为实现国家经济发展对社会经济生活进行管理的经济职能，为满足人民日益增长的文化生活需要而发展文化事业的文化职能，为向社会公众提供各种公共服务产品而发展公共事业的公共服务职能等。

同样，很多企业也是按照职能进行内部分工的，即从企业高层、中层到基层，把承担相同职能的业务及人员组合在一起，设置相应的职能部门和岗位，如采购部、研发部、生产部、品管部、市场部、财务部及各部门内的相应岗位。不同的部门职能和不同的岗位职责体现了专业化分工，每一个职能或岗位所开展的工作都服务于组织整体的有效运行。

2. 职能型组织的优势和不足

职能型组织源于亚当·斯密（Adam Smith）提出的劳动分工理论和马克斯·韦伯（Max Weber）提出的行政组织管理理论，基于专业化分工思想和官僚控制思想，是一种从纵向维度切割处理业务流程，通过专业化分工提高组织中个体的单位效率，进而提高组织整体效率的组织设计模式，具有分工明确、内部活动流程规范统一、能充分利用资源、稳定性较强和便于统一管理等优点。

但是，职能型组织也存在明显的缺点和不足，包括职能观念狭隘而缺乏整体考虑、横向协调十分困难、外部环境适应性差、管理权力高度集中造成领导层负担过重、不利于培养素质全面的管理型人才等。

3. 打破职能导向是必然趋势

（1）社会治理的系统性

从社会治理的角度来看，基于专业化分工的职能部门模式保证了重大决策的统一执行，推动了经济的快速发展和社会的有效管理。然而，这种职能型组织结构存在一定的弊端。打破职能导向，消除职能型组织结构的种种弊端是必然趋势。

为了消除职能型组织结构的弊端，应当积极创新社会治理方式，推动政府治理、社会调节和居民自治之间的良性互动，实现社会治理方式和治理机制的根本转变；以信息化技术手段为支撑，建立社会治安立体防控体系，设立推广跨部门、跨地域的应急联动和综合指挥服务平台；充分利用现代信息技术，拓宽公众获取政府信息、参与公共事务的渠道；积极培育社会组织，引入智库、专业型组织等第三方力量，加强对政策落实的监督，提升政府的公信力；坚持依法治理，由强调管理向强调服务转变，促进管理与服务的有机融合。

（2）公共服务的一体性

改革开放以来，我国经济建设不断推进，有力地推动了社会的全面发展。但是，随着社会经济的不断发展，社会必然对政府职能提出新的要求。目前，城乡公共服务水平差距较大，农村的教育、医疗、社会保障等公共服务水平仍然比较落后，城乡公共服务呈现二元结构特征。实现公共服务一体化是解决区域协同发展问题的根本之所在。政府应着力加强公共服务建设，通过引导公共资源的合理配置，完善农村公共服务投入机制，积极促进城乡公共服务一体化，逐步缩小城乡公共服务水平差距，实现公共服务的均等化及基础设施的通达均衡，为社会公众参与社会、经济、政治、文化活动等提供保障。

（3）经济发展的联动性

目前，我国市场经济体制逐渐趋于完善，政府宏观经济治理能力不断提升，企业自身的管理质量大幅优化，微观主体拥有活力并呈现良好的竞争态势。企业管理与政府宏观治理关乎产业结构转型升级与经济高质量发展，只有不断强化和优化两者之间的关联，才能形成良性的发展循环。

在经济全球化背景下，经济转型工作迫在眉睫，只有不断强化经济发展的联动性，继续提升企业管理能力与政府宏观治理水平，营造良好的发展环境与市场氛围，才能真正抓住经济发展机遇，切实提升我国的综合国力。在经济发展和转型过程中，政府要更加有效地发挥其宏观调控作用，理顺政府与企业之间的关系，逐步形成高效监督与管理的良好局面。只有保证整体市场环境的稳定与公平，才能为经济转型及经济高质量发展奠定坚实的基础。

3.1.2 升级流程驱动

高效的组织体系运行离不开完善的流程设计。在信息技术迅猛发展的当下，要想确保对社会环境变化的敏捷应变和对公众需求的快速响应，就必须对流程进行变革，对制度进行重塑。

1. 组织内协同化运行靠流程

（1）政府运行的流程化

世界上大部分政府都采取官僚制的组织形式，这种组织形式以其理性精神、程序化价值和形式的合理性获得了各个国家政治、经济和社会组织的普遍认同和采用。但随着后工业化时代的到来，其理性规则、权威等级、专业分工变得越来越不能适应多变环境对组织灵活性和响应性的要求。

政府组织是公共组织，其基本特性是公共性、社会性、服务性和非营利性，它区别于以营利为目的的企业组织。政府采用流程型组织设计可以从横向上打破各职能部门的边界，实现人员、资源及信息的共享；能够尽量简化、抽象化组织中的规则和程序，使其发挥指导性而非约束性的作用；可以适当分权，将决策权下放到各个任务团队或任务起点，同时加强高层领导对任务流程团队和各职能部门的监督与控制。

（2）企业运营的流程化

在工业化深度发展后，出现了规模型企业运营效率下降的趋势，很多企业尝试以现代信息技术为支撑，以业务流程重组为突破口，对企业内的零散流程或短流程进行合理的"组装"。流程型组织强调管理活动以流程为轴，根据流程的需求设置部门，通过在流程中建立控制程序来压缩管理层次，最大限度地强化每个节点行为人的能动性与责任心，流程之间则强调人与人之间的合作精神。流程型组织设计思想并不否认专业化分工理论，而是在横向维度上对同一流程内的专业化分工与团队协同进行平衡。

2. 流程驱动的优势与不足

（1）流程驱动的优势

以面向客户的业务流程为核心的流程型组织设计，使企业的经营成本、质量、服务和速度得到了根本改善，并表现出了许多优点：强调组织整体效率最优性；组织结构的稳定性较高；外部环境适应性相对较强；企业领导层负担减轻，可以专注于企业发展战略的制定；有利于培养素质全面的人员。

（2）流程驱动的不足

流程型组织设计也存在一些缺陷：对人员素质的依赖性较强；灵活应变能力不强，仍不能迅速高效地适应外部环境的变化；组织的整体运行效率有所降低；横向分工的部门各自为战且以自身利益为中心而产生的本位主义问题难以解决；文化多元，内部管理较难统一。

3. 流程驱动也要再升级

（1）社会变化要求敏捷应变

在基于职能分工的组织中，各部门承担相应的工作任务，其功能相对单一，一旦遇到综合性、复杂性的工作，便无法及时有效应对。流程型组织以其灵活的组织形式改变了这一尴尬局面，可以大大增强政府对社会环境变化的应变能力，进而更快、更有效地满足公众需求。

（2）技术迭代倒逼流程变革

法国学者雅克·埃吕尔（Jacques Ellul）提出了"技术社会"这一概念。随着互联网、IoT、大数据、云计算和 AI 的不断发展，技术更加体现出兼具社会工具与社会关系功能的新特点。当前，技术迭代不断推动社会重构，技术的社会创新与社会应用更加普遍，政府应当积极进行体制机制创新，通过流程再造、制度重塑优化公共服务提供方式，推动改革成果转化，全面提升治理能力和服务效能，在数字经济发展中发挥更大的作用。

（3）公众需求必须快速响应

信息时代瞬息万变，新鲜事物不断涌现，人们的思维方式加快更迭换代，社会公众的需求也愈发多元化。在流程型组织中，决策的起点也是任务的起点，决策权掌握在团队中的基层工作人员手中，他们与环境和服务接受者直接接触，掌握着大量有效的资料和信息，因此他们提供的服务能很好地满足服务接受者的需求并响应环境的变化，从而大大提高组织的响应能力。

3.1.3　走向平台协同

平台重构了传统的价值链关系，提升了信息利用效率及资金流和物流运行效率，带来了效率革命。企业依托平台进行数字化转型升级是必然趋势，企业、产业和区域的平台化转型都表明平台化是发展数字经济的最佳实践。

1. 平台化是必然趋势

（1）技术筑底：从桌面操作系统到城市操作系统

我国正在推进智慧社会建设，智慧社会离不开智慧城市，智慧城市离不开智能城市操作系统。智能城市操作系统是基于互联网、大数据、AI 等技术的开放式智能城市数据平台。该平台类似于计算机中的 Windows 操作系统，能够管理智能城市中的各项资源，支撑智能医疗、智能交通、智能教育、智能物流等各类应用。可以说，智慧社会是平台经济不断发展的必然结果。

（2）资源共享：万物互联之后的资源集成互用

智慧城市建设推动产业链接、信息互动、信用支付等高新技术服务飞速发展，IoT 的广泛应用让人与物、物与物之间的关联日益加深，数字化、网络化和智能化技术极大地提升了万物互联之后的资源集成互用效率。以工业互联网为代表的平台经济显著提升了传统制造业的生产质量和效率，提升了产业链现代化水平。当前，IoT 技术逐步成熟，一系列与 IoT 相关的行业标准陆续建立和完善，必然会进一步促进 IoT 行业的资源整合和集成互用。

（3）规则共治：协作生态之间的主体平等和自律

互联网技术的进步推动了平台经济的发展，平台经济的治理面临主体权益保护和公平竞争等问题。解决平台经济发展中的这些问题需要创新的平台协同治理。对尚处于初级阶段的平台经济来说，监管应体现出足够的包容性和审慎性，要从国家战略和立法层面等方面保护平台经济的创新能力，引领数字经济良性发展。

2. 平台化带来效率革命

平台生态为买卖双方或多方提供服务、搭建交易平台，平台用户越多，平台的价值就越大，买卖双方获得的价值也就越大。对一个平台来说，参与主体的增多会让平台创造的价值呈现指数级增长，而平台本身的价值也将成倍增加。

平台重构了传统价值链关系，通过连接各类利益主体，让其直接对接、沟通、寻找最佳合作伙伴和合作方式。传统价值链上下游关系被更高效的新型合作关系所取代，商品流、信息流和价值流运行得更加顺畅，资源配置更加合理，运行成本更低，运行效率更高。平台经济具有关联性和复加性，汇聚了大量的用户和交易信息，通过商品流、信息流、资金流等形成集聚效应，强化了平台主产业链，带动了相关产业链的共同发展。

3. 平台化最佳实践

（1）企业的平台化

随着互联网的广泛应用，人们越来越崇尚平台型企业，新的平台型企业如雨后春笋般出现。传统实体企业深知，只有改变过往的产品销售思维，通过网络平台和终端服务提升自身的综合实力，才能在激烈的市场竞争中占有一席之地。企业转型要以需求为牵引，以用户为导向，主动发现用户需求，快速响应用户需求。为此，企业要导入网络化、数字化技术，利用软、硬件系统构建企业的运营和服务平台。

企业的平台化意味着企业生态圈由封闭转向开放，也标志着全球资源的进一步整合。市场上的任何需求，不管一开始有多小，只要能在平台上展现出来并聚集一定的量，就会很自然地催生新的产品和服务，给客户带来全新的体验，进而帮助企业迅速占领新市场。

（2）产业的平台化

现在是一个以全球化、信息化为特征的急剧变革的新时代，产业平台化发展的优势更加明显，竞争也更加激烈，提高产业效率与降低交易成本的内在要求更加强烈。可以说，在平台化时代，企业要么成为平台领导者主动构建产业平台，要么作为平台参与者选择合适的产业平台，完全独立于平台的企业越来越难以在市场中立足。

产业平台是产业链相关方协同的基础设施，是生产、消费等经济活动的新型媒介。产业平台发挥基础作用，众多属于相同或不同产业的企业在其之上研发产品、技术和服务，打造特定的产业生态系统。产业平台的集聚能力很强，可以通过平台接口的合理设置吸引相关企业积极参与该平台，实现产业聚合发展。

产业的平台化转型就是构建一个成熟的平台，通过全产业链上各企业的努力，先达成发展方向的共识，再实现开放合作，最终实现产业转型升级。建立以产业平台为基础的产业生态系统正成为经济结构转型的有效实现方式。因此，对于产业的平台化，要制定促进其发展的各项政策，积极推进产业平台接口标准化，扶持平台产品和平台技术创新，强化产业平台的规制与监管。

（3）区域的平台化

区域平台化是平台化的重要组成部分。积极打造区域行政数字化平台、区域经济智能化平台和区域产业发展智慧化平台，可以为区域经济高质量发展提供高效政策服务，提升区域政策协同效率和区域经济风险协同应对效率。

打造区域行政数字化平台，需要运用 IoT、大数据、AI 和区块链等新兴技术，推进区域社会管理的数字化、可视化与智能化，打破区域间行政藩篱，畅通区域间各级政策信息共享，减少行政资源浪费，实现精准施策、协同施策，深度推进区域一体化与数字化建设，提升区域社会治理的现代化与智能化。

打造区域经济智能化平台，需要深度融合与对接区域行政数字化平台，推进产业、行业、区域的经济发展信息数字化与可视化建设，实现区域经济决策的智能化与精准化；推动数字经济发展与数字供应链建设，及时追踪影响区域经济发展的因素，精准识别和分析经济风险点、风险成因，精准协同施策，降低区域经济风险。

打造区域产业发展智慧化平台，需要打破产业边界，构建综合化、一体化、链条化的产业运行数字平台，实现产业发展信息的互动、互通与共享，促进区域间生产要素的高效流动，逐步实现产业间深度融合；智能分析产业间及产业链上生产要素的互补、互通、互联特征，促进产业结构调整升级，优化区域产业布局，促进区域间资源优化配置，推动区域产业高质量发展。

3.2 智能战略

在瞬息万变的信息时代，智能战略是企业数字化转型升级的关键。要想实施智能战略，就要突破传统的经验体制和知识模型，借助数据、算力和算法等建立智能系统。

3.2.1 突破经验体制

经验社会中相对稳定的劳动技能、习俗礼仪及缺乏公平性和科学性的论资排辈存在种种弊端，不符合数字时代的发展潮流，亟待突破。

1. 我们经历过的经验社会

（1）生产系统中的劳动技能

人的劳动是指具有一定生产经验和劳动技能的劳动者有目的地改造自然的活动。人的劳动是在一定的生产关系中进行的，每个人从事的具体劳动都是社会生产的组成部分。

在人类征服自然、改造自然的过程中，人们的生产经验、劳动技能代代相传，每一代人在劳动过程中都会创造新的经验和技能，推动生产工具的改造，发现和创造新的劳动对象，而生产工具和劳动资料的改变也会对劳动者的劳动技能提出新的要求。正是通过长期劳动，人类不断探索和积累了丰富的知识和经验，创造了宝贵的科学、技术和文化成果。从本质上看，这些成果都是人们劳动过程中的社会经验总结。

（2）社会关系中的习俗礼仪

日常生活中的习俗礼仪是经验社会的典型标志之一。我国自古以来就有"人无礼而不生，事无礼而不成，国无礼而不宁"的说法，礼仪是人们在长期共同生活和相互交往中逐渐形成的，并以风俗、习惯和传统等方式固定下来的行为规范，也是人类思想文化的结晶和社会文明进步的标志。对一个人来说，礼仪是一个人的思想道德水平、文化修养和交际能力的外在表现；对一个社会来说，礼仪是一个社会文明程度、道德风尚和生活习惯的重要反映。

习俗礼仪一旦产生，就会随着人们生产和生活的稳定而相对地固定下来，成为人们日常生活的一部分。从本质上说，习俗礼仪是人们生活和社会交往中形成的经验，人们可以根据这种经验正确把握对外交往的尺度，处理好人与人之间的关系。如果把握不好礼仪规范，人们往往就会在交往中感到手足无措，甚至失礼于人。因此，熟悉和掌握习俗礼仪可以让人们做到触类旁通，待人接物恰到好处。

（3）用人机制中的论资排辈

选人用人中论资排辈的习惯性做法是经验社会中的常见现象。不论是在机关、事业单位还是在企业，论资排辈现象都很常见，并且在社会生产和生活的各个领域影响着人们的行为和决策。

虽然资历能够反映人们的实践经验，但也不是绝对的。不能简单地将资历等同于能力、水平，更不能按资历的深浅来决定职位的高低。在实际的人才管理中，很多管理者都会受论资排辈观念的影响，认为"姜还是老的辣"，在识人、用人过程中只重视一个人的资历、声望及社会地位，而忽视人的实际能力和实实在在的业绩。他们往往看不到年轻人身上可贵的开拓精神、对新鲜事物的敏锐洞察力和快速接受能力，也看不到年轻人身上的优秀才能，只看到了年轻人身上的不成熟。这种用人方法无疑会压制年轻人的才华，埋没大批优秀的人才，最终也会影响组织的运行效率和企业的长远发展。从全社会来看，长久的论资排辈的经验机制最终会影响整个社会的公平正义。

对企业来说，如果管理者能够破除论资排辈的陈旧观念，企业就能不断获得有朝气、有活力、能力强的人才，企业的人力资源库就可以不断注入新鲜血液。优秀人才的开拓精神及创造力可以大大提高企业的创新能力和市场竞争力，让企业在激烈的市场竞争中立于不败之地。

2. 突破经验体制的必要性和紧迫性

（1）必要性

经验社会中的劳动技能、习俗礼仪和论资排辈源于人类社会生产和生活的需要，在特定的时代、地域和民族中形成和演变，在社会的特定历史时期发挥了特定的作用。但是，随着人类社会进入万物互联的数字时代，瞬息万变的数字技术逐步深入现实的公共及私人生活领域，经验社会中相对稳定的劳动技能、习俗礼仪及缺乏公平性和科学性的论资排辈已经无法满足数字时代的发展需要，十分有必要突破经验体制。

（2）紧迫性

在数字时代，人们所处的社会环境瞬息万变，熟人社会的商业模式难以跟上发展步伐，经验社会的发展模式无法紧跟时代潮流。知识在加快迭代，社会在加速进步，不管今天多么成功，明天都有可能遭遇巨大的挫败。政府、企业和个人要改变原来的认知和思维，绝不能用过去的经验规划未来的成长路径。

数字技术已经从时间和空间维度全面打开物资流、资金流、技术流、人才流和信息流，未来将进入四维空间而不是三维空间，原先的成功模式会被打破，原先的发展模式亟待更新，加快数字化转型已经成为各个产业和企业的核心发展方向。

3.2.2　超越知识模型

现在是一个知识大爆炸的时代，科技、经济、文化等环境无时无刻不在变化，而知识本身存在滞后性、分隔性、模糊性等特点，其传播、学习和应用的效率也比较低，这与当今时代的信息需求显得格格不入。

1. 从经验到知识的进化

（1）个体学习效应：建立个人知识

经验是人们在认识、实践活动中，通过人体感官直接感受事物特征、观察事物运动过程及相互关系并通过归纳、演绎而形成的记忆痕迹，是人们从特定情境中获得的、具有较强情感意志体验特征的认识成果 ①。知识是人类从认识、实践活动中总结归纳出来的、被认为是真实的、有助于解决实际问题的信息，是对事物属性与联系的基本认知。一切知识的最初源头都是人的实践经验。

其实，构建知识和形成经验是一个相互关联、相互促进的过程。在建构知识的过程中，人们需要以原有经验为基础来理解新知识，而对新知识的理解总是依赖于人们脑海中原有的经验。人们必须在知识和经验之间建立适当的联系，才能理解知识的含义。从书本或互联网上学到知识后到现实生活中去运用知识就是将知识转化成经验的过程。知识是散落的珠子，而思维是串珠子的线，经验便是用线串起来的一串或几串珠子。也就是说，经验把知识连成线，从混沌到清晰。同时，经验可以指出人们在哪一方面的知识储备是不足的，促使人们进一步去学习知识、总结经验，建立自己的知识体系。

---

① 贺华. 知识与经验的再认识［J］. 求索，2015（11）：72-76.

（2）群体协作效应：建立群体知识

群体是组织管理中的基本单元，是两个或更多个成员为了实现共同目标而经常性地一起工作从而形成的稳定关系模式。随着人类进入信息时代，群体协作学习知识及开展研究已成为学习者交互的基本形态。群体协作学习注重集体成果，群体间的凝聚力在影响学习者与他人分享知识的意愿与动机方面发挥了重要作用，但是，由于群体成员习惯于个人观点的表达、群体成员之间缺乏信任感等因素，群体成员之间的合作意识不强，导致群体的学习氛围不够浓厚、群体的凝聚力不强①，这在一定程度上影响了群体成员协作学习建立群体知识的效果。

2. 为什么要超越知识模型

（1）知识是滞后的

知识是有滞后性的，我们在某一时间掌握的知识总是很难完全满足我们在该时间实现最大化收益的实际需要。之后，我们可能掌握了这些知识，但实现这些收益的时机、环境等已经发生了变化，实现的可能性也就不存在了。虽然也有一些人的确做到了收益最大化，在合适的时间和环境下恰好完成了某件正确的事情，但收益最大化的结论也是在事后认识到的。

（2）知识是分隔的

现在是一个知识大爆炸的时代，科技、经济、文化等环境无时无刻不在变化，社会分工也越来越精细化，各种新兴学科不断涌现，前沿领域不断延伸。自然科学、工程与技术科学及医药科学、农业科学、人文与社会科学等各门学科都有其相对独立的知识体系，学科之间的专业壁垒是客观存在的。近年来，国家一直在强调要打破专业壁垒，增强不同专业的相互联系和相互促进，这从侧面说明了学科专业知识之间的壁垒是难以轻易打破的，我们无法否认专业知识相对分隔、无法完全融合的事实。

---

① 杨小根，杨爽.群体动力学视角下的协作知识建构活动探究［J］.现代教育技术，2020，30（11）：55-61.

（3）知识是模糊的

知识本身是模糊的，不可能对客观世界做出绝对精确的描述。人类语言可以对各种事物的状态及关系进行描述，虽然我们可以借助语言构建恢宏的文化大厦，但语言并不是完美的，自身也有不可克服的缺陷。首先，语言不可能共时地再现立体、多维的客观世界。作为一种符号，语言只能一个接一个依次出现，即在一个维度上推移，而不能在多维空间中展开，语言的这种线性特征决定了它所描述的事物只能是历时的、单面的，不可能共时地再现立体、多维世界中发生的一切事物，用语言描述事物实际上是以分割事物本来的整体面目为代价的。其次，语言能展示的内容远远少于现实世界所包含的内容。现实世界是五彩缤纷和极为复杂的，而描述它的语言符号却是有限和简单的，因此用语言描述事物时做到精确和充分几乎是不可能的。更何况，现实世界还在不断地发生变化，新生事物无时无刻不在涌现，语言也来不及对它们进行确切描述 [1]。

（4）知识是低效的

学习知识的过程并不是简单进行对客观世界进行单向反映的过程，还要靠人们自身不断的实践与反思。因此，知识的传播与学习过程必然是个性化和长期的。对于相同的学习内容，由于不同的个体采用不同的学习方式和学习习惯，学习成效必然是有差别的，个体的经验、思维方式、具体情境等也都会影响最终的知识传授效果。而且，由于现实世界总是在不断地发展变化，知识在具体的应用过程中也不一定能产生预期的效果。因此，知识的传播、学习及后续应用也必然是低效的。

3.2.3　建立智能系统

实施智能战略依赖于算力、算法、数据三大要素，只有实现算力按需调度、数据顺畅流淌、算法敏捷高效，企业才能真正实现数字化转型升级，

---

[1] 纪秀生.人类语言缺陷的几个表现［J］.松辽学刊（社会科学版），1995（01）：55-56+60.

达到数字经济发展新阶段解决实际问题、取得实际效果的要求。

1. 数据是认知范式的革命

（1）万物数据化，不再依靠模拟语言描述

从人类社会的发展历史来看，用语言描述事物和沟通交流是人类进入文明社会的重要标志。早期文明最古老的抽象工具就是长度和重量的计算。随着数据记录的发展，人类对世界的认识不断深化，人们渴望更精确地记录时间、地点、体积、长度和重量等。

计算机的出现带来了数字测量和电子存储，大大促进了信息的快速传播和准确处理，也使通过数学分析挖掘数据更大的价值成为可能。通过计算机，观察世界的结果变成了数据，数据成了客观事物的逻辑归纳。如今，人类社会进入大数据时代，人们的所有活动都会被记录到数据空间，从量数、据数到城市大脑、量子思维，一个以大数据为核心的社会形态逐渐显现。数字时代的到来让人类与大数据融合在一起，让一切都变成了数据。

（2）拥有数据，就是拥有资源

随着信息技术的迅猛发展，大规模产生、分享和应用数据的时代已经到来。近几十年来，互联网产生的信息量是人类过去千年产生的信息量的总和。基于数据的分析、监控和信息服务变得越来越普遍，在各行各业中，越来越多的数据驱动企业通过实时搜集和分析数据形成正确决策，大数据在信息技术等行业中越来越占据主导地位。以大数据、云计算、移动互联网、智能终端等为代表的新兴技术已经深刻地影响了经济、社会、教育、医疗和行政管理等多个领域，极大地促进了产业发展转型、管理方式变革和社会效率提升。数据在新时代的地位如同土地在农业时代、能源在工业时代的地位。从某种意义上来说，谁拥有了大数据，谁就拥有了核心资源，谁就拥有了未来。

（3）新的认知，从建构数据标准开始

数据标准属于数字基础设施的一部分，虽然全国产生和积累的数据体量巨大，拥有良好的数据资源基础，但还存在应用不足、数据共享不充分的问题，发展数字经济要从构建数据标准开始。

要通过鼓励大数据企业、科研机构结合大数据标准化体系框架参与制定大数据领域国家标准、地方标准和行业标准，建立健全数据共享、业务管理、技术应用、安全运维等标准规范，提升数据资源质量、数据产品质量，明确大数据与各应用领域融合的业务流程标准，加快推动数据基础共性标准、数据关键技术标准、数据行业应用标准等各类标准的制定及推广。

同时，要推进数据开放共享、流通交易、数据安全、数据确权与估值等标准化的探索，鼓励科研机构、企事业单位开展数据采集规范相关团体标准的研究和制定，推动重点领域网络与信息安全评估和检查等基础性工作制度化、规范化，制定和完善数据采集、存储、传输、应用及开放共享规范。

2. 算力是人脑范式的革命

（1）计算机是第三次工具革命

人与其他动物最本质的区别在于人能够制造和使用工具，当生产工具发生质的变化时，也会引起社会关系的巨大变革。迄今为止，人类文明史上共发生了三次伟大的工具革命。第一次工具革命以石器和铁器的使用为标志。石器的使用让人类从一般动物世界中分离出来。铁器部分取代了人手的功能，大幅提高了农业生产力。第二次工具革命以蒸汽机的诞生和使用为标志，体现为近现代以来发生于欧洲的第一次和第二次工业革命，分别使人类进入了蒸汽时代和电气时代。第三次工具革命以计算机的诞生和使用为标志，以计算机为基础的信息技术的快速发展使人与人之间的连接方式和社会不同要素的组合效率产生了质的飞跃，在全球范围内掀起了一场影响人类生产和生活方式的深刻变革，人类自此进入了信息时代。

信息技术快速发展与传统产业数字化转型不断产生大量的数据，数据量呈现几何级增长趋势。不同行业对数据存储、计算和传输的需求不同，有些需要高带宽、低存储，如智能驾驶，有些需要低带宽、高存储，如智慧医疗。但是，无论何种产业，对数据计算能力的要求均显著提升。

（2）算力升级加快

随着摩尔定律的逐步失效，普通处理器已无法满足海量数据的计算需求，必须构建某种专用架构来快速提升芯片的计算效率，AI专用芯片应运而生。正如当年图形处理器（Graphic Processing Unit，GPU）专门为图形计算服务一样，AI芯片被形容为继中央处理器（Central Processing Unit，CPU）、GPU之后的第三大类计算机处理器，专门用于大数据时代的数据计算处理。

AI芯片在数据计算中提供算力的灵魂和大脑，承载了为各种终端提供强大算力的重要任务。在各个场景中，智能设备要依托于算力强大的芯片发挥智能作用。国内研发AI芯片的代表企业有寒武纪、比特大陆、地平线等，华为海思也加快了自研AI芯片的步伐。据不完全统计，国内至少有50家公司推出了AI芯片战略计划或AI芯片相关产品。

AI芯片在推动算力不断提升的同时，也为应用软件的发展提供了空间，而应用能力的提升又对算力提出了新的要求，算力与应用能力相辅相成、相互促进，促使云计算进入算力时代。云计算融合了分布式计算、效用计算、负载均衡、并行计算、网络存储、热备份冗杂和虚拟化等技术，具有按需部署、可靠性高、灵活性高、可扩展性强等优点。

但5G网络下的数据量是异常巨大的，同时存在骨干网络扩容成本高、延迟大等问题，海量的数据不可能都先上传到云端再进行处理，出于实时处理及隐私保护等要求，需要在边缘侧对数据进行处理。所谓边缘计算就是在云、互联网的边缘侧进行计算，它能更快地响应网络服务，满足行业在实时处理、智能应用、隐私保护等方面的基本需求，让终端设备真正实现智能化。边缘计算的前景广阔，被称为"AI的最后一公里"。与云计算相比，边缘计算有更多的节点来负载流量，数据传输速度更快，数据处理更及时，还解决了设备散热的问题。

（3）算力成为最通用的基础设施

在数字经济时代，算力就是生产力，以云计算、先进计算、超级计算、量子计算等为代表的算力基础设施成为新基建的底座，也是 AI 的基础支撑。

从模式来看，AI 算力基础设施是朝着集约化的方向发展的，因此要以规模效应降低整个智能计算中心的建设成本及后期运维成本；要通过集中资源建设大型算力中心，为大规模 AI 模型的创新与训练提供充足的算力；要通过算力共享模式盘活闲置资源，大幅降低社会 AI 算力成本，支持更广泛的 AI 创新应用。作为公共基础设施，大型算力中心要发挥降低 AI 使用门槛的作用，未来 AI 的算力资源和平台服务的可及性将会进一步增强。

3. 算法是知识范式的革命

（1）算法是代码化的知识

代码是使用特定的编程语言在特定的平台上运行的一系列计算机指令，是计算的具体实现。而算法是与具体实现相互独立的描述问题解决方案的抽象计算步骤，符合正确性和有限性的标准。算法由一系列有限的计算或指令组成，并产生一个结果，而代码能够向计算机发出指令，很适合用于实现算法。

代码可以用来实现算法，而且其实现方式会影响性能。例如，如果你要从一个序列中找出最大或最小的元素，那么二叉堆的性能比其他的数据结构要好很多。根据摩尔定律，我们在代码的设计和使用方面所做的改进换来了性能的不断提升，从而满足了日益增长的数字化需求。实际上，在语音识别、图像识别、人机交互等很多领域，算法在性能提升方面发挥的作用已经超越了硬件。

（2）算法是敏捷化的知识

代码实现算法的方式不同，其产生的效果也不同。敏捷化开发是一种以人为核心、循序渐进的迭代式开发方法，它强调以人为本，专注于交付对客户有价值的软件。在高度协作的开发环境中，使用迭代方式进行增量开发，经常利用反馈进行思考、反省和总结，不停地进行自我调整和完善，能够显著提升开发效率和质量。

敏捷化开发注重个体及交互、软件的可用性、与客户的协作和对变化的迅速响应，在当今业界已经大行其道。为了快速交付让客户满意的产品，根据实际情况合理地采用敏捷化开发是一种很好的方式。从开发代码的角度来说，算法也是敏捷化的知识。

（3）从 App、小程序到机器人流程自动化（Robotic Process Automation，RPA）

App、小程序和 RPA 都是依托相关系统开发的应用程序。App 是基于安卓和 iOS 系统开发的应用程序；小程序是基于微信开发的产品，也是微信力推的产品；RPA 是以软件机器人及 AI 为基础的业务过程自动化技术，通过模仿最终用户在计算机上的手动操作，提供了另外一种代替最终用户手动操作的流程自动化方式。

App、小程序和 RPA 都在丰富甚至改变人们的生活。以 App 为例，购物 App 可以推荐人们想要的商品，新闻 App 可以精准地推送人们关注和感兴趣的新闻，各类 App 俨然已经成为很多人的"知己"。这实际上要归功于 App 中的推荐系统，它是一种过滤信息的应用，其主要原理是通过搜集和分析用户的历史行为数据来预测用户的喜好和未来需求。推荐系统的常用算法有基于内容的推荐算法和协同过滤推荐算法等。

总之，App、小程序和 RPA 等的出现和不断发展也在推动着相关算法的持续进步，算法越来越深刻地影响和改变着人们的生活。

4. 智能系统代表最新策略力

（1）AI 三要素——数据、算力和算法

1956 年，约翰·麦卡锡（John McCarthy）首次提出"人工智能"这一概念，并将其定义为"制造智能机器的科学与工程"。从学术角度来看，AI 是研究、开发用于模拟、延伸和扩展人的智能的理论、方法、技术及应用系统的一门新科学，其目的是让机器像人一样思考、像人一样行动。这里的"行动"应理解为采取理性的行动或制定理性行动的决策，而不是肢体动作。

一般认为，AI 发展需要三个要素——数据、算法和算力。

首先，数据是基础，也是最关键的要素。只有拥有完整的数据，AI 才能真正地发展起来。AI 如同一把宝刀，需要一块好的磨刀石让它变得更加锐利，而大数据恰好就是最好的磨刀石。

数据是资源，实现资源的价值需要进行有效的数据分析，而有效的数据分析要依靠机器学习算法，算法可以使计算机像人一样从数据中挖掘出信息。在 AI 领域，主流的算法主要分为传统的机器学习算法和神经网络算法。

AI 的发展对算力提出了更高的要求。CPU 和 GPU 都擅长浮点计算，但 GPU 的浮点计算能力是 CPU 的 10 倍左右。因此，传统的 CPU 已经无法满足当前持续增长的海量数据快速计算的需求，GPU 领先于其他芯片在 AI 领域得到了较为广泛的应用。深度学习加速框架通过在 GPU 上做的优化提升了 GPU 的计算性能，有利于加速神经网络的计算。当前，为了满足海量数据的计算需求，对处理器架构进行革新的 AI 芯片技术不断进步，这也是未来算力提升的主要方向。

有学者认为，当前 AI 的发展主要依赖于数据、算法和算力这三大要素，但未来或许还应考虑凝聚了人类智慧的另一要素——知识。过去，一般都是从数据驱动的角度来研究 AI 的，未来需要把数据驱动和知识驱动结合起来，进一步推动 AI 引领世界未来科技发展[①]。

（2）加快普及的机器学习和深度学习

机器学习是 AI 的核心研究领域之一，专门研究计算机怎样模拟或实现人类的学习行为，以获取新的知识或技能，重新组织已有的知识结构并不

---

① 参见周志华教授在全球人工智能和机器人峰会上的演讲。

断改善自身的性能。深度学习是机器学习的一个新领域,其目标是建立模拟人脑进行分析学习的神经网络,模仿人脑的机制来解释文本、声音、图像等数据。相比于其他方法,深度学习使用了更多的参数,模型也更加复杂,从而使模型对数据的理解更加深入、更加智能。

从开发人员的角度来看,包含算法和源代码等在内的机器学习资源是无处不在的。尤其是在开源软件方面,开发人员可以访问成千上万个免费的开源代码库,方便地获取和利用机器学习算法的库资源。机器学习技术在某种程度上已经实现了商品化,许多可用的库也将在 Windows 操作系统上运行,SQL Server 内置了对数据库内机器学习算法的支持,机器学习服务通过 Web 服务 API 公开了机器学习功能。可以说,人们正处在机器学习技术得到广泛使用且日渐易于使用的时代,机器学习技术正在加速普及。

(3)智能系统是最佳实践

当前,数字经济的发展已经全面过渡到解决实际问题、取得实际效果的阶段,必须推动企业从数字化转向智能化。智能化的特点是数据驱动,借助机器学习尤其是深度学习的不断普及,充分利用 AI、大数据等先进技术对企业组织、流程等进行重塑,推动企业经营和管理实现智能化。企业需要积极创造新的平台化商业模式,从原来封闭的生态圈走向开放的生态圈,整合更多的资源来实现迭代优化自身产品、不断提升客户体验的目标。

智能化企业在对内生产管理和对外交易上,应坚持"创新驱动、质量为先、绿色发展、结构优化、人才为本"的基本方针,积极面向市场需求,通过智能制造推动产品升级,全力提升制造业核心竞争力和品牌塑造力;通过"互联网+"平台提升管理效率,响应"互联网+"行动计划,借助"互联网+"平台尽力降低交易成本、提升资源配置效率,促进专业化分工水平不断提高和劳动生产率不断提升;通过制度、规则和系统打造智能管理体系,促使管理手段实现制度化、规则化和系统化,从根本上提升企业管理水平。

3.3　生态战略

在风云莫测的数字时代，生态战略成为企业数字化转型升级的重要路径和国家加快发展数字经济的内在要求。要想构建数字经济生态体系，就要摆脱传统的竞争模式和联盟形态，充分利用数字经济生态中的关键要素寻求突破和创新。

3.3.1　摆脱竞争模式

市场经济具有双重属性，既有促进资源优化配置的作用，又有自发性、盲目性、波动性等局限性。常态化的市场竞争既无法保证绝对的公平，又会导致大量资源的浪费。

1. 市场以竞争为常态

竞争是市场机制的本质要素，是市场经济的灵魂。没有竞争，价值规律的作用就无从谈起，市场的资源配置作用就无法发挥。

竞争促使企业不断改进技术、加强管理、提升资源利用率，市场通过价格支配着人们的经济活动，调整着资源投放的方向和数量。充分的市场竞争可以保证价格变化的灵敏性。市场供给增加，商品过剩，价格就会降低；反之，价格就会提高。

市场经济的平等性、竞争性、开放性等特点保证了其能够自发地实现对商品生产者和经营者优胜劣汰的选择，促使商品生产者和经营者实现内部资源的优化配置，并调节社会资源向优化配置的企业集中，进而实现整个社会资源的优化配置。

优胜劣汰机制是市场经济的一般规律，企业认识到这一点并在经营中主动引进这种机制，就能在经营中形成充分竞争的意识，感受到竞争带来的外在压力，从而不断进取，在激烈的市场竞争中立于不败之地。反之，企业缺乏竞争意识、创新能力和应变能力，就会在激烈的市场竞争中被淘汰。

2. 市场竞争的负面性

市场经济具有双重属性，既有竞争机制所驱使的促进资源优化配置的作用，又具有自发性、盲目性、波动性等强调本位利益的局限性。市场竞争机制的固有局限性会导致市场经济忽视社会长远利益和整体利益，难以处理好公平和效率的关系，对经济总量无法发挥调节作用，在经济结构调整和升级上也显得软弱无力。

在当今激烈的市场竞争环境中，各个市场主体为了取得竞争优势，实行相应的策略性行动，在尽力隐匿自身信息的同时也在尽力获取他人信息。而且，为了获得这种博弈优势，各个市场主体都会不遗余力地投入大量资源，其后果是内生交易费用大幅攀升，大量资源被浪费。各个市场主体为了争夺市场而竞相投入的高额广告营销费用就是一个很好的例子[1]。尤其是在数字经济时代，具有可无限复制性、使用的非消耗性、可共享性等特点的知识产权成为市场主体参与市场竞争的关键要素，其有别于有形物质产品的无形性特征让这种浪费变得更加严重。

市场竞争中的零和博弈是非合作方式的博弈，博弈各方相互竞争，一方的收益必然引起另一方的损失，双方收益的总和永远为零，即双方不存在实质上的合作[2]。零和博弈是竞争市场最根本的约束条件，要求市场具有一定的特性来保证零和博弈下的市场运行，这种特性可能是制度方面或其他方面的。在这种特性之下，人们进行市场竞争的最根本目标是制造或利用垄断，而垄断必然带来对公平竞争的损害，导致市场偏离正常的秩序轨道。

---

[1] 朱富强.自发市场中的过度竞争及其问题——欲求膨胀、策略性行为和社会资源浪费 [J].云南大学学报（社会科学版），2019，18（02）：107-115.

[2] 刘芮彤，汪慧玲.博弈论在市场竞争中的应用——以零和、负和及正和博弈为例 [J].甘肃科技纵横，2019，48（07）：63-66.

3.3.2　扬弃联盟形态

企业联盟、产业联盟、区域联盟等战略联盟有利于提高资源利用率，实现规模经济效应，但也存在种种难以克服的弊端，只有积极促进合作模式从联盟型向生态型转变，才能持续激发企业的创新动能。

1. 联盟化解竞争

（1）企业联盟

企业联盟，是指企业与企业之间为了共同的策略目标而达成共识、结成盟友，自主地进行互补性资源交换，以便持续提高市场占有率并获得长期的市场竞争优势，最终目的是实现各自的发展目标和长远利益[①]。企业联盟一般是基于产品线或供应链建立的紧密型合作关系，联盟可以让上下游的供需关系更加稳定。例如，沃尔玛与泰森、伊利、都乐、圣农等生鲜商品供应商成立了"生鲜联盟"，SHEIN 与其协作商成立了营销联盟，等等。

企业联盟的意义在于共享利益，减少企业风险，降低投入成本。企业联盟越来越多的一个重要原因就是高新科技企业需要的资金越来越多，投资风险越来越大。单个企业力量有限，如果对一个领域的探索失败了，损失就比较大；如果几个企业联合起来，或者在不同的领域分头进行探索，就可以减少风险。

企业联盟的另一个重要意义是可以给企业带来稳定的产品成本和质量。企业联盟是介于独立的企业与市场交易关系之间的一种组织形态，它既没有集中化的权威控制，又不是市场上"一手交钱、一手交货"的交易关系，有利于形成企业之间在研发、生产、销售等方面相对稳定、长期的契约关系，进而有利于企业产品成本和质量的稳定。

① 张熠.竞争还是联盟，企业该何去何从——基于携程收购去哪儿的案例研究［J］.重庆科技学院学报（社会科学版），2016（06）：50-54.

（2）产业联盟

产业联盟，是指不同的企业为了保持自身的市场优势，寻求新的规模、标准或定位，应对共同的竞争者或将业务推向新领域等目的，通过更加有效地配置各种要素和资源，在更大范围内形成的促进资源整合、实现优势互补的一种合作关系。

产业联盟主要是基于企业竞争力互补或市场核心资源共享等建立的紧密型合作关系，其成员企业是独立且可分布在不同地域范围的经济实体，克服了资源在空间分布上的局限性，保持了分散资源和知识的灵活性，从而能在更大空间范围内合理有效地配置资源，实现成员企业的优势互补，也能提升成员企业在特定市场领域的影响力甚至控制力。

科技部早在2007年就推动在钢铁、煤炭、化工和农业装备领域建立四大产业技术创新战略联盟，促进国家创新体系建设。在工信部的指导下，2016年中国信息通信研究院联合包括中国航天科工、中国电信、海尔、华为等在内的143家成员单位成立了工业互联网产业联盟，该联盟立足于搭建工业互联网的合作与促进平台，聚集了工业界和信息通信界的中坚力量及相关机构，服务企业，支撑政府决策，推进工业互联网发展，为推动"中国制造2025"和"互联网+"融合发展提供必要支撑。

除了官方推动成立的联盟，自发形成的战略联盟也有很多，例如，由菲尼克斯电气联合10多家生态伙伴发起成立的生态赋能共创会，由西安光学精密机械研究所、陕西光电子集成先导技术研究院等单位共同发起成立的陕西光电子集成产业技术创新战略联盟，由浪潮集团联合国内信息化领域400多家合作伙伴成立的江苏云智创新产业联盟等。

在当前的数字经济时代，外部环境日益复杂化、不确定化，传统的纵向一体化经营方式已无法适应企业所面临的竞争更加激烈的市场环境。研发、采购、生产、销售等价值链的不同环节由不同的企业控制，产业链上的企业根据自身条件从事产业链某个环节的经营活动并且相互联系，以构成一个完整的价值创造系统。产业链联盟能使成员企业协调投资、共享技术和信息，实现特定产业内的结构和要素优化，提升产业效能；也可以有效阻止新的竞争者特别是跨界竞争者打破产业链的价值创造系统。同时，在专利战、价格战此起彼伏的新常态下，企业面临更加恶劣的外部环境，行业内部更需要规范和自律，而产业联盟能在一定程度上发挥产业规范和自律的重要作用。

（3）区域联盟

区域联盟，是指基于相邻地区资源或竞争力互补而建立的、能够实现在特定空间区域内市场要素流动和竞争力提升的一种紧密型合作关系。典型的例子有南京都市圈城市发展联盟、长江经济带航运联盟和金融租赁服务联盟等，甚至包括国际社会上形成的区域经济一体化。

区域联盟不局限于传统的行政区划，能够获打破跨区域协同发展中存在的各种有形与无形的壁垒，整合区域优势资源，形成特定区域经济要素和供需的内循环效应；能够促进经济发展模式创新和技术创新，形成真正适应区域实际需求的独特发展模式；能够在区域之间建立较为稳固的合作关系，有利于经济更加协调地发展。区域联盟不仅提升了自身的经济发展能力，还在一定程度上促进了区域经济的稳定，对区域外经济体也能产生一定的防御效应。

2. 应当扬弃联盟

构建战略联盟有利于经济体获取更多的资源，提高资源利用率，实现规模经济效应。但是，不可否认，不管是企业联盟、产业联盟还是区域联盟，都存在不稳定性、机会主义行为等难以克服的弊端。

企业有大小之分，企业联盟并不一定能够增强成员企业的核心竞争力。一旦中小企业的发展对大企业的主导地位产生威胁，大企业往往会采取抑制中小企业发展的措施。因此，在某种意义上，联盟会阻碍更高水平的竞争，不利于持续激发企业的创新动能。

联盟成员有核心成员和非核心成员之分。在核心成员层面上，联盟是相对封闭的，通常只有少数掌握关键核心技术的企业才能成为核心联盟成员。地位较高的核心联盟成员具有谈判优势，能以较低成本获得非核心联盟成员的资源，但占大多数非核心联盟成员难以获得核心联盟成员的资源，这在某种程度上也推高了企业的运行成本，降低了企业的运行效率。

因此，在瞬息万变的信息时代，要积极扬弃联盟形态，在继承企业、产业和区域联盟积极合理要素的同时规避联盟本身的弊端，以进一步的开放来促进合作模式从联盟型向生态型转变。

3.3.3 构建生态战略

发展数字经济离不开一个强大的数字生态体系的支撑，构建生态战略已成为企业数字化转型升级的重要路径，企业需要在放大正和博弈、构建自洽系统和打通内外循环上下功夫。

1. 放大正和博弈

互联网、大数据、云计算、AI、区块链、5G等技术的不断发展改变了企业需要付出的边际成本。在新环境下，企业可以利用先进的科技以最小成本甚至零成本生产产品或提供服务。当边际成本足够低甚至降为零时，企业为了实现利润最大化，倾向于尽可能多地生产产品和提供服务，实现规模经济效应。同时，企业产品或服务生产规模的扩大可以降低平均成本，有利于放大规模经济效应。

相对于传统的联盟体，以相关数字化协作圈为代表的合作模式所产生的边际效应更加显著。例如，以提升都市圈数字化水平为目的而成立的杭州都市圈数字协作联盟旨在推动杭州都市圈数字产业交流、促进杭州都市圈数字产业壮大、服务杭州都市圈数字化改革发展，在区域规划、产业合作、市场开拓、数字赋能等方面积极工作，探索杭州都市圈数字协作的新模式和新路径，力争成为具有辐射性、示范性、带动性的服务平台、交流平台和协作平台，增强杭州都市圈数字经济产业影响力与凝聚力，推动都市圈内数字化领域深度交流合作。

2. 构建自治系统

（1）要素周延

数字经济生态中的关键要素包括数据、算法、算力、人才、资本和基础设施。

数据是最重要的基础要素。当前，城市经济竞争最直接的体现就是数据的争夺。如果一个城市失去了数据优势，就不可能在新经济中占据主动，甚至会失去未来。

数字经济的高速发展带来了数据量的猛增，超大规模的数据量对处理速度提出了更高的要求，数据处理能力对数字经济发展具有重要战略意义。算力已成为新时代推动经济数字化转型、深化供给侧结构性改革的重要驱动力。

算法是数字经济的核心，支撑着生产运转与服务效率。一切价值的生产均由算法驱动，生产效率、质量和成本竞争背后都是算法的比拼。在数字经济时代，产业转型是否取得成效，企业创新是否蕴含活力，关键在于是否拥有精准的算法。算法能够指数级地释放数据和算力的价值，应用好、改进好算法已成为新一轮信息技术发展的关键。

推进数字经济发展，关键靠人才。各地发展数字经济的竞争，其核心是数字化人才的竞争。只有规划好数字化人才培养方案、建立数字化人才标准、优化数字化招才模式、构建数字化人才培育保障体系，才能打造优秀的数字化人才队伍，让数据、算力和算法的优势通过数字化人才发挥出来。

资本是发展数字经济不可缺少的要素和强劲动力。只有通过政府、企业、金融投资机构和居民的投资挖掘新的投资增量，打破供给与需求原有的平衡态并建立新的平衡态，才能为数字化人才研究数据、算力和算法提供重要保障。

数字基础设施包括硬件、通信网络系统、操作系统及相关的标准和法规，涉及5G基建、大数据中心、AI、卫星互联网、工业互联网、特高压等诸多产业。只有不断推进基础技术研发，着力建设基础应用平台，加速传统基建数字化，加强和完善数字基础设施建设，才能为数字经济正常运行和健康发展提供更好的物质基础。

（2）结构柔性

数字经济生态包含基础技术层、基础设施层、应用平台层、服务创新层和价值复制层等圈层。其中，应用平台层是主体，上下延展发展基础设施层和服务创新层，兼顾部分具有明显优势的基础技术层和价值复制层。

应用平台层包括互联制造平台、共享服务平台、使能技术平台等，是各产业领域提供产品和服务的主要中间载体，也是数字经济时代的新生事物，还是当前产业发展和企业竞争的关键舞台。基础设施层包括通信网、交通网、物流网、能源网、数据中心等，是所有产品生产和服务提供的通用设施。服务创新层包括设计、加工、物流、教育、医疗、文化娱乐等市场中各类具体的产品和服务。基础技术层包括芯片、开发语言、操作系统、技术标准等，是数字时代所有产业能力的共同基础。价值复制层是新产业形态中一切规范性、重复性、单一性的作业劳动和价值提交。从以上各圈层所包含的内容来看，各类主体呈现相互融合、相互渗透的趋势。

因此，在数字经济中，融合依然是经济发展的主题。通过互联网、移动互联网、AI、云计算、大数据等在不同行业、不同领域的广泛应用，数字技术不断渗透到工业、农业、服务业生产的各个环节，发展领域从传统领域延伸到信息技术领域，再到信息技术产业与传统产业融合的新领域，产业融合的示范效果进一步凸显。

（3）系统开放

随着数字产业化和产业数字化进程的不断推进，数字经济下创新主体多元化、创新组织网络化的趋势越发显著，传统的以产品开发为核心的企业内部平台已经不能满足数字化开发和创新的需要。而外部创新平台一般基于某种应用广泛的技术系统（如大数据、云计算等）并能发挥重要功能，相对于企业内部平台具有更为显著的开放性。平台上的开发者可以利用平台提供的各种资源进行范围更为广泛的创新，有利于创新生态系统内各主体开发补充性创新产品并形成网络效应。当前，不少政府主导型的创新平台在促进政府治理能力提升和经济转型升级方面发挥了重要作用，这类平台由政府牵头搭建，联系政、产、学、研等各方创新主体，利用开放的数据和各种共享的资源促进了创新主体的开发与不同场景下智能化需求的良好结合①。

创新生态系统离不开多元的创新主体，数字经济下的创新过程呈现开放和包容的特点。因此，一个数字经济生态必然以开放为特征。

3. 打通内外循环

（1）内循环

经济内循环的目标是依靠国内企业和个人通过参与生产、交易、分配、消费等活动，实现经济规模的不断增长和经济质量的不断提升。打通经济内循环主要依靠评价规则和分配机制，例如，以市场机制为基础的一次分配和以财税机制为基础的二次分配的资源财富分配机制。

在生产、分配、流通、消费四大环节中，分配问题长期存在且越来越突出。收入分配不平等的问题造成经济运行有效需求不足，影响了国内经济循环。

在我国市场经济体制下，基于市场机制作用而建立的第一次分配构成了我国资源财富的初次分配，为了克服市场在分配机制方面的局限性和弥补政府调控作用的不足而形成的基于财税机制的第二次分配是我国资源财富的再次分配。第一次分配是原始分配，主要是在物质生产领域内部按生产要素来分配，市场起主导作用；第二次分配是对原始分配的调整，政府

---

① 张昕蔚.数字经济条件下的创新模式演化研究〔J〕.经济学家，2019（07）：32-39.

起主导作用。

在数字经济时代，要想从根本上打通国内经济内循环，就必须深化收入分配制度改革。这不仅是经济结构调整的主要举措，也是维护社会稳定的重要手段。一方面，在一次分配中要规范分配秩序，缩小城乡、区域、行业差距，完善工资集体协商机制，适时调整最低工资标准。另一方面，在二次分配中要突出基本公共服务均等化的方向，深化基本社会保障制度改革，通过税收和财政支出手段实现不同人群在分配上的相对公平。

（2）外循环

近几十年尤其是改革开放后的前30年，外循环的地位不断上升，在促进增长、结构调整等方面发挥了重要作用，有力地推动了我国经济高速增长。外循环的主要作用体现在吸引外资流入、引进先进技术、进口短缺资源等方面。在当今的数字经济时代，企业要想在激烈的竞争中不断增强自身优势，就要不断重组内部和外部的各种资源。吸收外资不仅带来了资金，更重要的是获得了随资金流入的技术、经营理念、研发能力等各种竞争要素。大量引进先进技术、大量进口高技术零部件对大型复杂产品系统来说至关重要，产品科技水平越高，产品的全球技术网络越密集，越需要集成全球最高水平的技术能力。我国劳动力、资金和技术等可变资源的禀赋结构发生了变化，但耕地、淡水和石油资源等自然禀赋无法改变，相对短缺、需求增加的资源需要通过有效的外循环来补充缺口[1]。

当前，我国数字经济快速发展，数字技术提供了合作创新的新方式，创新能力大规模地跨国转移，科技能力中越来越多的部分成为全球性的系统。企业需要提升产业技术发展水平，积极融入全球产业链，形成参与国际竞争的新优势。鉴于外循环吸纳就业能力强，能够提高低收入者收入，能够用出口所得外汇进口先进技术设备、短缺能源和原材料，在当前要素

---

[1] 江小涓，孟丽君.内循环为主、外循环赋能与更高水平双循环——国际经验与中国实践［J］.管理世界，2021，37（01）：1-19.

禀赋仍不平衡、经济总量和国内需求持续增大的状况下，更好发挥外循环作用以促进国内循环和国际循环双轮驱动下的经济高质量发展具有重要意义。

改革开放 40 多年来，在引导开放方面，我国针对不同时期、不同地区、不同行业采取了具有差别性的政策，总体上倾向于鼓励出口、限制进口，鼓励资金流入、限制资金流出。如今，我国各个方面的条件和环境已经发生了很大的变化，社会主义市场经济体制初步建立，经济发展进入一个新阶段，基本具备了制度性开放的条件和环境。今后，我国要立足各种资源和优势，在信息技术的支撑下，在更深层次和更高水平上参与全球产业和创新分工，增强自主创新能力，提升国际市场竞争力。

3.4 战略目标

3.4.1 总目标

江苏省数字经济发展的总目标是：通过"数字江苏"的全面建设，实施数字经济倍增计划，数字经济总量占 GDP 的比例达到 55% 以上，数字化水平保持全国前三，形成数字基础设施支撑有力、数据资源体系完善、数字经济实力领先、数字化治理和服务模式创新发展的新体系，实现数字强省目标。

3.4.2 子目标

1. iGDP 水平

iGDP 是指数字经济占总体经济的比例，体现了 GDP 的质量。提高 iGDP 水平的举措主要包括两个方面：一是发展数字产业，开发数字硬件产业、软件产业及服务业；二是应用数字技术，让数字技术渗透到各行各业，大幅度提升产业附加值。到 2025 年，江苏 iGDP 达到 55% 的水平，数字经济逐步占据主导地位，全面提升生产力水平，提高经济质量和效益。

2. 经济增长贡献率

数字经济已经成为经济增长的核心动能。作为制造业大省，江苏要加大数字技术的推广和运用力度，把"十四五"作为数字经济的全面扩展期，深入推进互联网、大数据、AI、区块链等与实体经济深度融合，发挥信息技术在制造业和服务业数字化、智能化、绿色化转型中的赋能引领作用，促进效率提升和产出增加，激发传统产业新活力，促进新旧动能接续转换，实现经济发展质量变革、效率变革、动力变革。江苏要通过数字经济的全面深化和融合应用，力求实现制造业增加值率全面快速提升，超过全国平均水平一个百分点。

3. 数字经济倍增计划

通过 5 年的努力，全省数字经济发展水平明显提高，创新能力显著增强，体制机制明显优化，基本建成全国数字产业化发展引领区、产业数字化转型先导区、数字政府服务示范区、数字经济体制机制创新先导区和具有全球影响力的数字科技创新中心之一，数字经济增加值较 2020 年接近翻一番，超过 7.8 万亿元，年均增长速度超过 13%，领先于全国发达省份（见表 3-1）。

表 3-1   江苏数字经济总量及占比预测

年度	数字经济总量	占 GDP 比例
2017 年	31 395 亿元	36.5%
2018 年	30 000 亿元以上	超 40%
2019 年	40 000 亿元以上	超 40%
2020 年	43 000 亿元以上	超 42%
2025 年（预计）	78 000 亿元以上	超 55%

数据来源：中国信息通信产业研究院

4. 数智福利大幅增加

全面数字化要以人为本，服务于人的生活和发展，将技术进步与社会进步、人的全面发展有机地协同起来。要通过生产效率和服务效率的提升，让更多的人分享数字红利。一是分享生产效率提升带来的价值，二是分享服务效率提升带来的良好服务和生活便利，三是通过数字红利享受到生活成本的降低和生活福利的提升，四是通过数字化治理水平的提升更多地分享安全、诚信、和谐的社会环境，形成良好的数字道德风尚和素养。

5. 社会智慧化水平全面提高

高效便捷的数字化公共服务体系形成，社保、教育、医疗、养老、文化、扶贫等领域的数字化建设取得明显成效。数字技术在政务各领域的应用得到普及，政府科学决策和精细治理能力显著提升。数字乡村建设迈上新台阶，新型智慧城市建设走在全国前列。网络安全、数据安全、个人信息安全得到有效保护，数据滥用、侵犯个人隐私等行为得到严格管制和惩戒，人民群众获得感、幸福感、安全感显著增强。

6. 技术创新领先全国

新一代信息技术产业领跑全国。到 2025 年，电子信息制造业产值超过 6 万亿元，软件和信息服务业总收入超过 2 万亿元。数字基础设施达到国内先进水平，光纤宽带网、无线宽带网、窄带 IoT 在全省全面深度覆盖，完成城市基础设施网络化、智能化升级。以智能化为主导方向，以 AI 为战略重点，大数据、云计算、IoT、区块链等新兴技术及其融合应用在全国形成领先优势。

7. 形成良好生态系统

构建全面数字化的生态系统，以人才培养和引进为重要抓手，以打破区域、部门、地方和利益阻隔为改革着力点，以良好的政策激励和市场环境为推动，形成全方位、高层次的互动协调机制，在全国范围内率先实现"六个新"：突破数字经济新技术，激发实体经济新动能，培育数字应用新业态，释放数据资源新价值，提升基础设施新智能，构筑创新发展新体制。

04

第 4 章

创新路径

数智时代的区域经济发展，显然不能沿袭过去工业时代的路径和模式。从当前各地发布的数字经济发展规划文件来看，其基本思路仍然以产业分工和产业集群为主线，辅以相应的激励政策和要素保障。江苏新经济如何在发展路径上实现真正的突破？我们认为可以从以下几个方面着手。

4.1　重新定位产业分工，打造新型产业生态

首要的问题是突破传统的产业链发展思维，把全省产业经济视为一个综合生态，在生态体内以新的结构分层逻辑进行产业经济梳理，并结合江苏经济基础和社会发展特点，寻找全新的产业战略定位。

4.1.1　数字经济驱动建立新产业生态

1. 传统产业链及政策导向

传统工业经济的基本形态是：企业为市场中的供需主体，基于特定领域提供产品及服务的相关企业构成产业链。产业链内上、中、下游企业之间是强关联，不同的产业链之间则是弱关联。因此，市场调控往往面向特定产业制定产业规划，提供政策及资源上的正向和负向激励。

农业、工业和服务业这三大产业的区分一直延续至今，仍在指导国民经济结构性分析。近年来，地方政府在制定产业规划时进行了更加具体的产业划分。例如，2018 年 6 月 25 日，江苏省政府印发《关于加快培育先进制造业集群的指导意见》，提出重点培育 13 个先进制造业集群，兼顾传统产业和新兴产业，遴选出新型电力（新能源）装备等 13 个基础较好的先进制造业集群作为重点培育对象，其目的是打造若干"拆不散、搬不走、压不垮"的产业"航空母舰"，增强江苏经济整体竞争力。

基于传统产业链的经济分析和政策导向在工业时代有其合理性，因为某一领域的产品和服务在技术、人才、资源及供需渠道等方面可以形成特

定的关联和协同效应，而不同领域之间没有或少有直接影响，如种植业与旅游业、电子信息业与餐饮业等。这种各垂直产业链之间相互平行的市场形态如图 4-1 所示。

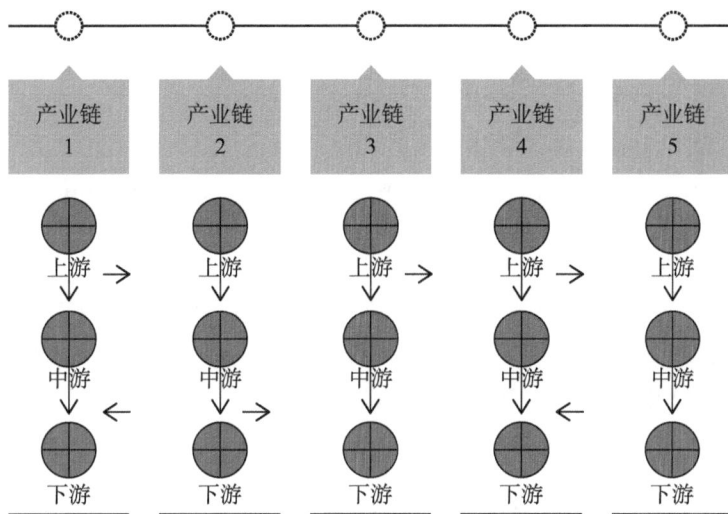

图 4-1 传统产业链形态

2. 数字技术驱动产业融合

数字技术（包括网络技术、大数据技术、AI 技术、区块链技术、量子技术等）在得到深入的市场化应用的过程中，已经极大地改变了过去的产业和产业链形态。之前泾渭分明的不同产业领域现在逐步融合，你中有我，我中有你。这主要体现在以下几个方面。

（1）底层共享

任何产业都必须基于共同的基础级软、硬件。由于产品和服务普遍从功能型转向智能型，无论哪个企业的生产、销售和服务，都要基于基础的通信服务和计算服务，因此芯片、开发语言、通信标准和云计算能力等成为几乎所有产业的"上游"。

（2）中层互联

任何产业都在寻求打通产能单元，联通供需网络，形成协同效应。例如，工业互联网、能源互联网或消费互联网都是先在关联度高的产业链群中横向打通，再逐步扩展到其他产业链群。过去各个企业独立经营、各自为战的模式不可持续，技术、人才、资本和数据等正加速跨产业流转，产业边界正在逐步消失。

（3）表层互通

所有产业的产品和服务在应用或消费场景上已逐步打通和融合。例如，面向企业级市场的各类软、硬件产品需要一体化的解决方案，企业的采购、用人和资产财务管理需要整合联动的最优服务。面向个体消费者的产业，无论是居家、出行还是社交，都要将过去来自不同企业的产品和服务全面打通，做出柔性、全维、实时的需求响应。

因此，基于具体的产业或产业链来分析经济结构和制定产业政策已经明显不符合新的市场发展特性。我们要跳出传统的产业链思维，建构新的市场结构图景，规划新的经济发展战略。

3. 新型产业生态及江苏机会

数字技术驱动产业形态从"产业链"转向"产业云"，整体市场形成统一的大系统、大生态。其中，原先内部垂直、外部平行的不同产业链结构转化为整体垂直、内部整合不同的产业圈层结构，形成新型产业生态体。

基本的产业圈层按照距离终端用户远近及产品和服务提供先后的逻辑，可分为基础技术层、基础设施层、应用平台层、价值创新层和价值复制层。每一层包括核心技术、主体产品和关键服务，构成巨大的经济网络圈层。五大圈层叠加，下一层为上一层的基础依托，上一层为下一层的价值递进。上下圈层相互渗透交互，构成全市场一体化的产业经济生态，如图4-2所示。

价值复制层	规范性、重复性、单一性的作业劳动和价值提交
价值创新层	设计、加工、物流、教育、医疗、文旅、娱乐
应用平台层	智能制造平台、公共服务平台、使能技术平台
基础设施层	通信网、交通网、物流网、能源网、数据中心
基础技术层	芯片、开发语言、操作系统、技术标准

图 4-2　新型圈层产业链生态

新型产业经济生态结构为江苏制定新的产业政策带来了新视野和新思维，既是巨大的挑战，也是历史性机遇。建议江苏在研判全省传统产业视角下的优劣势的基础上，面向新经济结构，提出新的产业战略图景。

新产业战略应体现新诉求。

- 立足产业生态，而不是产业链。新产业战略要摆脱传统的产业分类和产业链视角，以产业融合生态思维，在产业圈层结构中进行战略定位，再配套相应的政策措施。
- 体现自主可控，而不是单极化。新产业战略要立足江苏市场的相对供需完备性，消除产业要素的瓶颈和短板，形成相对自主可控、省内省外双循环的产业经济生态。
- 实现创新领先，而不是跟随。新产业战略要在全国产生引领作用，形成市场影响力，聚集人才、技术、资本等关键资源，同时激活省内传统产业和企业的创新、创业潜能。

4.1.2　江苏经济产业结构新定位

整体上，江苏宜建立纺锤形大产业生态结构，以应用平台层为主体，上下延展发展基础设施层和服务创新层，兼顾部分具有明显优势的基础技术层和价值复制层。

1. 基础技术层

基础技术层包括芯片、开发语言、操作系统、技术标准等，是数字时代所有产业能力的共同基础，其特点是研发周期长、投入大、高端人才依赖度高。目前，在全球市场上，美国在基础技术层仍具有显著优势，我国近年来积极部署、着力发展，但仍处于追赶过程中。建议江苏在基础技术层重点发展两个领域——集成电路和数字化标准。

（1）集成电路产业

江苏集成电路产业销售规模连续多年位居全国首位，已形成涵盖电子设计自动化（Electronic Design Automation，EDA）、设计、制造、封装、设备、材料等领域的较为完整的集成电路产业链，汇集了台积电、华虹无锡、SK 海力士、江苏长电等众多知名集成电路企业。但从产值来看，低价值的封装仍为主体，设计和制造较为薄弱。建议江苏在保持封装领域绝对优势的基础上，围绕设计和制造推出创新举措。

- 针对设计领域，推出"重大课题，联合攻关"行动，立项重大技术创新课题，倡导相关高校、科研单位和企业联合研发。
- 针对制造领域，推出"产能互联，技术升级"行动，由领军厂商发起，建设集成电路工业互联网平台，打通制造资源，形成协同效应。其中，华虹半导体、紫光集团等承担的项目多为国内集成电路发展重大项目，可以产生巨大的群聚效应。

（2）数字化标准

江苏拥有海量的数据资源，包括产业数据和消费数据。在消费数据市场中，北、上、广、深等城市和浙江等省份占据优势，江苏应着力开发产业数字市场。在第一产业圈层的战略定位中，江苏应突出产业数据的基本标准开发和应用支撑，主要包括资产数据和空间数据两个领域。

- 针对资产数据，立项开发产业数据标准，以相关主导产业的设备资产数字化为开端，全面规划以制造业为主体的全产业要素数据标准化，推出产业数据治理体系，包括数据源、数据标准、数据加工、数据应用、数据审计、数据安全等，为培养产业数据市场提供前提条件。该项目可结合江北新区资产数字化一体化服务平台进行试点落地。
- 针对空间数据，设立省级空间数据研发中心，以南京建设长三角位置数据服务中心为契机，全面规划、开发空间数据地图及位置数字识别的基础标准，争取成为全国乃至全球空间数据标准的提出者和主导者，为卫星导航、智能交通、低空开发及生活位置服务等服务平台提供基础支撑。

2. 基础设施层

基础设施包括通信网、交通网、物流网、能源网、数据中心等，是所有产品生产和服务提供的通用设施。由于较早发力投资和建设，我国在新基础设施建设中形成了相对优势。江苏经济基础雄厚，传统基建在全国也处于领先地位。新基建是新一轮经济增长的关键推动力。建议江苏在基础设施层重点发展多网融合的超级立体网络和自主安全的超级数据中心。

（1）超级立体网络

融合打通通信网、交通网、物流网等网络的综合性全场景经济网络，推进通信网络中 5G 的普及应用，以及下一代互联网关键技术的突破和应用，通过通信网络赋能电网建设改造与智能电网应用，加强跨区域重点电力项目建设，包括淮南—南京—上海 1 000 千伏特高压交流输电工程过江通道。通信网与能源网无缝衔接，支撑交通和物流网络；把公铁水、江海河运输有机结合起来，着力推进铁水联运、公水联运、公铁联运，推动各种运输方式有机融合、无缝对接，形成公铁水空相互支撑、互为补充的综合立体交通运输网络。

（2）超级数据中心

协调推进长三角数据中心建设，推进区域信息枢纽港建设，在原有的"1+N+13"全省一体化大数据中心工程规划基础上，立项建设五大超级数据中心。其中，政务数据中心实现省、市、区三级的数据采集和共享；产业数据中心覆盖主要产业领域，实现技术、人才、资本、供需等数据的采集和共享；教育数据中心整合省内高校数据资源，面向教学和科研服务；安全数据中心涵盖公共安全、人身安全和财产安全数据，进行全方位监控和智能化预警、保障；生活数据中心涵盖工作、消费、社交、运动、娱乐等全场景的数据和分发服务。

3. 应用平台层

应用平台层包括智能制造平台、公共服务平台、使能技术平台等，是各产业领域实现产品和服务的主要中间载体，是数字经济时代的新生事物，也是当前产业成长和企业竞争的关键舞台。江苏应把应用平台层的创新作为重中之重，形成全国领先的新产业优势。建议江苏重点发展以下三个领域。

（1）智能制造平台

充分利用江苏制造业基础优势，结合集成电路、生物医药、ToT、AI、新材料、新能源汽车、高端装备制造等产业的突破，规划重点领域工业互联网，推出智能制造平台。建议重点打造领域级（如集成电路、生物医药、装备制造等）工业互联网平台，同时关注这些智能制造平台的技术高度和应用深度，特别是协同设计、互联监造、智能工控、远程维保、众包用工、安全监护等，立足高起点规划，实现全国领先。

（2）公共服务平台

发挥江苏经济文化大省的优势，规划升级全领域、多层次的公共服务体系，结合推进软件和信息服务、金融和科技服务、文旅健康、现代物流和高端商务商贸四大主导产业优化升级，开发、运营多元化的公共服务平台，打造全国重要的现代服务业中心城市。通过公共服务平台的优化和升级，在政务服务中推行"不见面审批"，明确"最多跑一次"，在出行服务中实现"每天节约 1 小时"，在消费服务中承诺"欺诈必查处"，在商贸服务中实现"履约可追溯"。

（3）使能技术平台

使能技术处于基础研究和产品研发之间，将主流的使能技术平台化可以有力地推动创新链下游的产品开发和产业化。建议江苏着力发展能促进产业创新的使能技术，包括网络安全、云计算、机器人、IoT、区块链等技术，以及应用于不同产业场景的 IaaS 和 PaaS 平台；制定重大使能技术平台建设规划，借力省内软件信息产业龙头企业和重点科研机构，构建业内领先的使能技术及平台化服务应用。

4. 价值创新层

价值创新层包括设计、加工、物流、教育、医疗、文旅、娱乐等市场中各类具体化的产品和服务。在新的产业形态中，价值创新层是市场中各类经济活动的主体，是主要的就业领域和产值来源。与过去不同的是，价值创新层中的任何产品生产和服务提供都要依托于特定的应用平台层，都是立足平台面向用户的价值创造和价值提供。

江苏经济长期充满活力，但在互联网经济阶段发展速度相对滞后，中小企业创新创业动力不足，因而在新产业战略格局中应强调价值创新层对整体经济活动和发展速度的关键作用，把价值创新层作为与应用平台层同等重要的战略性产业层来规划和发展。建议江苏重点推进以下四个领域的产业化创新。

（1）创意经济

创意设计不仅是文化产业的龙头，也是其他各产业创新发展的催化剂。

建议江苏全省开展"数字+：创意江苏、设计引领"专项行动，每年评选创意江苏市长奖，举办创意江苏文化节。建议各市区结合自身特点开展具体的创意设计行动：南京的重点是区域性文化创意设计和建筑设计；苏州的重点是传统工艺与现代创意设计融合；无锡的重点是工业设计；徐州的重点是工程机械设计；南通着力打造区域性建筑设计服务中心；扬州建成国际文化旅游名城，同时建设沿江创意设计城市群和沿运河创意设计特色产业带。

（2）教育经济

江苏是传统的教育大省，数字化驱动教育全方面变革，包括在教育内容中广泛融入数字技术和数字素养，在教育形式上逐步普及在线教育和智能教育，这将引发教育产业的变革。教育技术开发、教育软件平台、教育硬件及基础设施、教育人才、教育服务等将形成新的巨大市场。建议江苏推出数字教育产业新规划，引领全国教育科技和教育市场发展。

（3）健康经济

紧扣"共建共享、全民健康"战略主题，以"健康江苏2030"规划为依托，立足全人群和全生命周期两个着力点，从生活与行为方式、生产生活环境及医疗卫生服务等健康主要影响因素入手，充分运用大数据和AI技术，在普及健康生活、优化健康服务、完善健康保障、建设健康环境、发展健康产业五大领域取得突破。

（4）安全经济

按照传统的概念，安全产业是为安全生产、防灾减灾、应急救援等安全保障活动提供专用技术、产品和服务的产业。新的安全需求涵盖了更多的领域，形成了巨大的安全市场，主要包括生产安全、环境安全、社会安全和网络安全等，而不同的安全领域需要相应的技术、设施、管理体系和人才、资本要素。建议江苏率先把安全建设作为战略重点，加快形成技术和产业优势，形成安全产业化高地。

5. 价值复制层

价值复制层是指新产业形态中一切规范性、重复性、单一性的作业劳动和价值提交。在传统经济模式中，这一圈层吸收了大量的就业人口，也是日常生产和生活中重要的服务供给者，如生产线上的装配工、电信或银行柜员、外卖员及家政服务人员等。但在新趋势下，这些岗位将逐步被自动化、智能化设备和系统替代。因此，建议江苏在价值复制层的产业战略中前瞻性地规划制造业的机器换人和服务业的智能助理。

（1）机器换人

江苏在新冠疫情期间复工率高于行业平均水平，产能恢复高于全行业平均水平，工业在全国率先转为正增长，其中一个重要原因就是各地充分利用数字技术开展疫情防控和复工复产，1 055 个智能车间通过智能制造实现了关键岗位机器换人。

建议江苏制定制造业和服务业"双百万"机器换人规划，在人机协同和智造系统领域成为市场创新引领者，同时提前布局离岗职工的新技术培训和社会化就业。

（2）智能助理

未来市场竞争的核心是消费入口的争夺。苹果的 Siri、IBM 的沃森、谷歌的 Assistant、亚马逊的 Alexa 等就是这些巨头布局良久的智能入口。我国企业虽然也在跟进，但技术积累相对不足，用户数量不够多，如小米的小爱、百度的小度和阿里巴巴的天猫精灵等。建议江苏在这一领域抓紧赶上，扶持本省企业和科研机构开发自己的智能助手系统和平台，例如，先从康护、社区生活、金融或教育等垂直领域开始，逐步扩展应用领域，实现多元智能服务。

4.2 重新创立要素优势，拉升数字经济势能

在数字经济大生态中，基础要素包括数据、算法、算力、人才、资本和基础设施。江苏要面向数字经济建立自己的要素优势，在整体战略上要创立以算法为核心驱动，以人才和基础设施为主支撑，兼具数据、算力和资本的数字经济竞争力体系。

4.2.1 创立数据要素优势

江苏拥有丰富的数据资源，但应用不足、数据共享不充分，数据资源市场尚未形成。江苏是软件大省，软件产业的产值在全国位居前列，聚集了6 000多家软件及信息服务企业，信息化基础和专业人才队伍为数字经济的发展提供了技术和人才基础。江苏是制造业大省，60多万家制造业企业的产值占全国制造业企业总产值的1/8、世界制造业企业总产值的3%。江苏IoT业务收入占全国的一半，全省上云企业超过22万家。软件信息技术与制造业企业的信息化、数字化、智能化融合产生了大量的数据。江苏210多万家企业、8 000多万人口、500多万台计算机每天都在产生大量的数据。江苏联合浙江和安徽申请共建国家大数据（长三角）综合试验区，建立了省大数据中心，建成了省级信息资源共享交换平台，实现了省级重要部门信息资源交换共享，在省级层面积累了大量的数据资源。江苏已是全国产生和积累数据体量最大、类型最丰富的省份之一，具备构建数据资源市场的各项条件。

1. 推动大数据标准化建设

（1）加强政策保障，推动数据标准制定

制定数据要素市场标准化工作激励政策，鼓励省大数据中心、省数字经济商会等机构成立全省数据标准化创新联盟，鼓励大数据企业、机构结合大数据标准化体系框架参与研制大数据领域行业标准、地方标准和国家

标准。建立健全全省数据共享、业务管理、技术应用、安全运维等标准规范，提升数据资源质量、数据软硬件产品开发质量，规范大数据全生命周期的软件、硬件、服务水平要求，明确大数据与各应用领域融合的业务流程标准，加快数据基础共性标准、关键技术标准、融合应用标准等各类标准的制定及推广。2025 年建成江苏数字标准体系，涵盖政府、经济、社会各领域，包括以行业标准、地方标准和国家标准为主体的 50 项以上的大数据标准体系。

（2）强化数据要素共享的标准化

推进数据开放共享、流通交易、数据安全、数据确权与估值等标准化的探索，鼓励科研机构、企事业单位开展数据采集规范相关团体标准的制定。围绕工程机械、高端装备制造等重点行业，推动重点领域网络与信息安全评估和检查等基础性工作制度化、规范化，制定和完善数据采集、存储、传输、应用及开放共享规范，推动 13 个产业集群数据标准化及其流动。推动数据资源共享交换标准化建设，研究、制定数据安全要求和责任界面，构建数据市场监管和数据安全统计监测体系，制定数据隐私保护制度和安全审查制度，加强区块链技术应用标准化，完善适用于大数据环境的标准化数据分类分级安全保护制度，推动医疗健康、商贸流通、交通和新型信息技术等民生领域及工业领域数据标准化建设，促进数据资源流动。

2. 加快领域级大数据采集

（1）工业大数据

依托江苏制造业规模大、数量多、种类全的优势，聚焦工业互联网的各类解决方案、技术支撑服务、AI 研发应用等领域，大力集聚各类优质资源。

（2）医疗健康大数据

加快江苏省医疗健康大数据共享，以建设全省医疗健康大数据产业基地为目标，引进各类数字医疗、医联体平台及融合创新应用解决方案。

（3）金融大数据

聚焦金融服务数据后台和平台、各类数据解决方案、金融征信平台、第三方大数据云计算服务等新业态、新领域。

（4）智慧城市及智慧生活大数据

重点引进智慧旅游、智能交通、电商服务、智能软硬件等数字产品、技术和服务。

3. 推动数据要素交易共享

（1）推动建立数据产权制度

做好顶层设计，推动全方位的数据产权确认体系建设。建立健全法律法规，制定数据安全及隐私保护制度，制定数据共享和使用法规，完善数据产权制度的顶层设计，让数据共享开放有章可循、有法可依。界定数据生产、聚合、占有、使用等过程中的产权归属，为数据要素提供系统化的法治保障。开展数据产权理论和实践研究，明确数据产权的资产属性和交易属性，尽快形成数据权属边界、数据开放、数据使用、数据交易等相关机制，建立数据接入审核与监管机制，推动建立数据产权制度。推动密码学技术和区块链技术在数据存证和使用授权上的应用。推动建立以省级大数据交易市场、行业大数据服务机构、服务型龙头企业等为主体的数据产权确权体系。

（2）推动建立数据定价机制

探索第三方定价、自由定价、自动计价等多种形式的数据定价模式。针对数据资产评估、数据交易定价、数据流通管理、数据安全保障、数据治理体系、数据治理绩效评估等关键问题，研究数据采集、存储及治理等环节的成本，建立数据资产评估定价政策体系，建立省级层面的数据资源统一登记确权体系及数据收益和成本估算机制。建立适合不同行业、不同属性的数据价值评估模型，通过相应的税收优惠、政策扶持等措施调节不同主体间的利益分配制度，完善市场确立数据定价的模型，规范数据交易行为，在多类别市场主体互动中明晰数据要素定价规则和定价标准，借助区块链技术，尝试在自贸区等地推动数字货币应用，促进数据要素在市场运行过程中的良性循环。

（3）建设数据交易市场

培育数据要素市场，加强省级数字资源的开发和公共平台建设，梳理数据资源家底、建立全省数据资源目录清单，推动企业及政府各部门数据采集与存储，促进数据的共享与交互。完善政府部门间、行业间、政企间的数据互通、汇集、开放和共享的公共服务体系，实现跨部门、跨系统、跨区域的数据开放共享，推动政府信息系统和公共数据互联开放共享。实施行业、政企数字化工程，加大行业大数据中心建设力度，制定政府数据共享开放目录，推动民生保障服务相关领域数据向社会开放，形成数据要素整体合力。促进数据交易，建立多层次、多种类的数据交易市场，建设省级大数据交易中心和行业大数据交易市场。制定数据交易规则，支持开展数据资产管理、数据交易、结算交付等业务。吸引有数据源的各类主体参与数据交易，为有交易需求的数据资源提供数据定价、交易和监管服务，促进海量数据高效流通，发展数据交易市场。

4. 强化城市数据集成整合

明确以新型智慧城市建设带动和推动城市信息化、数字江苏和数字经济生态建设支撑高质量发展的定位，明确城市数字大脑建设规划和目标。加快政务数据收集、应用、共享和新流程再造等工作，加快电子证照、电子印章、电子档案等的共享共用，依托省大数据中心整合警务、城管与智慧路灯、智慧交通等社会治理数据资源，优化城市运行管理数据平台，以数据融通、资源调配为手段解决城市治理和民生问题。制订政府数据开放计划和开放目录，逐步、安全、规范地推动社会治理相关领域的政府数据向社会开放，打通政府部门、企事业单位之间的数据壁垒，促进政府数据与行业企业数据的共享，打造多维度数据资源的城市大脑。

4.2.2 创立算法要素优势

作为数字经济的基础与核心，算法支撑着生产运行与服务效率。在数字经济时代，算法决定着发展潜力。在某种程度上，产业转型是否取得成效，企业创新是否蕴含活力，关键在于是否拥有精准的算法。模型越复杂，服务越个性化，需求越升级，对算法的要求越高。因此，江苏既要在数据质量、流通效率、价值利用等方面加速提升，也要增强新型计算平台、分布式计算架构及芯片等硬件实力，加快走向数字化、服务化、软件化。算法能够指数级地释放数据和算力的价值，应用好、改进好算法是新一轮信息技术发展的关键。

1. 强化算法标准化建设

促进数字基础设施发展，建设公共算法中心、公共大数据中心和公用云计算中心，大力发展算法产业，建立算法市场。支持电信运营商开展"提速惠企""云光惠企""企业上云"等专项行动，提升高速宽带网络能力，强化基础网络安全，进一步提速降费。加快推广 5G 和工业互联网应用，拓展工业互联网标识应用，加强中小企业网络、计算和安全等数字基础设施建设。鼓励电信企业通过套餐升级优惠、信用购机等举措，促进 5G 终端消费，推广"5G+VR/AR"、赛事直播、游戏娱乐、虚拟购物等应用，促进新型信息消费。鼓励基础电信企业、广电传媒企业和内容提供商等加强协作，丰富教育、传媒、娱乐等领域的 4K/8K、VR/AR 等新型多媒体内容源，加快 5G 在疫情预警、院前急救、远程诊疗、智能影像辅助诊断等方面的应用推广。

2. 注重数字技术的深入、广泛应用

规划、建设"数字江苏"涉及的一体化数字采集系统、参数配置系统、运行监测系统和决策分析系统。首先，整合、集成各条口、各区域的经济和社会公共数据，打通各部门数据孤岛。其次，建立江苏经济社会发展的

全维系统模型，设置不同的要素参数、运营标准、效能分工等，形成江苏经济的底层操作系统。再次，对全域运营进行动态监测，设定重大领域、关键过程和特殊节点，实现在线即时智能化监测和反馈。最后，建立打通空间线、时间线和场景线的决策分析系统，以 EDA 为基础，运行"数字江苏"超级算法系统，覆盖省级战略目标体系和各区域、产业、企业、居民等经济文化目标体系，形成基础模型叠加应用模型的超级算法库，并以"混合云＋微服务"的方式部署。

3. 对算法滥用进行"纠偏"

出台针对数字经济的地方性法规，立法要从实用性的角度，确立以人为本的理念，并贯彻条例的始终。立法须强调可行性，并尊重数字经济发展的特点，为目前还"猜不准""吃不透"的议题留下足够的空间，保持开放性和包容性，以促进为主，遵循包容审慎的原则。在安全和数字经济发展之间寻求一个平衡点，把个人隐私保护和数据高效利用的关系处理妥当，针对社会上频现的利用数据牟利问题，如"大数据杀熟""算法歧视"等，做出一定的约束，使数字经济环境更加公平、透明。严格防范在运用互联网、大数据等技术时对公民个人的信息安全、基本权益造成损害和对公共安全造成隐患，消除老百姓对网络安全的担忧。要求互联网企业在原则上达成共识，明确政府、企业、民众共同期望达到的目标及各方的分工与责任，让数字经济在法制的轨道上更加平稳地发展。

4.2.3　创立算力要素优势

随着数字经济的高速发展，数据量迎来猛增。超大规模的数据量对处理速度提出了更高的要求，而数据的处理能力作为衡量数字经济的基础指标，对数字经济发展具有重要战略意义。计算能力已经成为新时代推动经济数字化转型、深化供给侧结构性改革的重要驱动力。推进"数字江苏"建设，算力是关键。江苏是全国产生和积累数据体量最大、类型最丰富的省份之一，而超量数据的存储、清洗、运用都必须要有超量计算能力。

1. 夯实算力发展基础

全面加强对数字经济和算力发展的综合治理，按照政府引导、市场运作、开放共享的总体思路，推动形成政府、平台、企业、公众等多方共治新格局。

推动政府治理模式变革，创新制度供给，持续完善数字基础设施建设。积极发展新一代通信网络技术，科学规划云计算大数据中心选址，针对算法相对滞后、算力成本较高等痛点、难点问题精准施策，为算力需求高的地方提供电力等能源政策制度保障，助力江苏新一轮高质量数字化发展。

加强数据协同和资源共享，围绕数字经济算力共享、资源互通的核心诉求，建设开源、协同的算力资源共享平台。发挥江苏数据信息资源丰富、信息产业基础雄厚和信息基础设施较完备的优势，重点建成全省政府数据统一共享开放平台，形成国家、省、市三级互联互通的信息资源共享交换平台体系。引导企业、行业协会、科研机构、社会组织等主动采集并开放数据，加强政府数据与社会大数据的汇聚整合和关联分析。统筹云计算、大数据计算中心和平台型企业云计算系统，提高政府与企业间共享流通效率，有效降低算力成本，实现算力资源有机整合。

2. 攻克算力发展瓶颈

推动实施核心技术攻关战略，大力推动关键核心技术突破，实现算力高速、高效、高质量发展；着力在硬件技术上实现突破，研发具有自主知识产权的 AI 芯片，解决 AI 芯片领域"缺芯少魂"问题；结合计算机体系结构的进步，大力发展基于 5G 技术的边缘计算，关注新的异构计算体系，有效弥补云计算不足，节约成本、提高效率，满足日益增长的算力需求。

3. 优化算力资源结构布局

苏州、南京和无锡拥有良好的区位优势、完善的基础设施建设、充足的创新型产业与人才，同时也是算力需求集中带，应结合用户聚集和应用场景重点规划和部署数据中心建设。苏北、苏中数字经济处于加快发展阶段，土地资源多，能源相对充足，可以结合城市转型中的中心城市、新兴中心城市培育来规划国家级、区域中心级的数据中心，打造新兴的经济增长极，让数字经济发展成果惠及苏南、苏中、苏北各个地区。

4.2.4 创立人才要素优势

江苏高度重视人才队伍的建设，注重内培外引，江苏籍两院院士以 463 人的数量稳居国内第一，同时也是两院院士超过 400 人的省份。江苏科教人才优势明显，但对数字化人才的吸引力不如长三角其他城市。从长三角城市来看，杭州、上海、苏州、宁波、南京、合肥这 6 个主要城市在 2018 年都处于人口流入状态。从人才流入的水平来看，《长三角地区数字经济与人才发展研究报告》显示，长三角地区对国内数字化人才有非常明显的吸引力，数字化人才流入流出比达 1.35。其中，吸引力排名前四的城市是杭州（1.7）、上海（1.4）、宁波（1.1）和苏州（1.1）。杭州凭借互联网经济发展为数字经济人才高地，对数字化人才的吸引力强于长三角其他城市。南京和合肥的人才吸引力最低，人才流失比高于长三角其他城市。

推进"数字江苏"建设，关键靠人才。各地发展数字经济的竞争，其核心是数字化人才的竞争。江苏要发挥传统人才大省的优势，通过广泛识别、吸引、培育和聚集数字时代人才，成为新型人才大省。

1. 规划数字化人才培养方案

根据区域数字经济发展战略和整体规划，前瞻性地预测数字化人才需求，对数字化人才的引、用、育、留进行整体规划。按照产业分布地图、产业成长周期，系统策划并提出数字化人才战略目标和战略举措，形成具体的分解图表，推出体现主体责任、具备操作条件的数字化人才招引指南。

2.建立数字化人才标准

定义数字化人才的内涵和外延。建立数字化职业资格体系,针对重点数字化职业开发任职能力标准,进行规范化的资格认证。重点建立健全数字化专业人才的能力和任职标准,如首席数据官、数字化架构师、数字化管理师及大数据、云计算、AI 等方面的工程技术人员。标准的开发要更多地依靠社会机构,特别是行业协会等。此外,要重视软标准的引导性,如数字化领导力、数字化职业素养、数字化基础技能等;要出台相应的内容体系和评测方法,供市场中的单位和个人作为参考。

3.优化数字化招才新模式

数字化招才要突破传统的人才市场和人才网站等模式,建立政府背书的数字化人才数据库,入库人才应具有更完整的知识、能力、个性及社会关系、社会经历等数据记录。人才收录可采用人才自主注册和第三方机构申请录入等方式。人才能力图谱需求应充分结构化并具备高完整度,人才记录应具备技术可信度。要通过打造这种新型人才平台,实现区域内人才的透明化和共享化。

4.创新数字化育才新机制

结合数字化和数字经济系统的理论逻辑和方法体系,研究编撰《数字经济》多级读本,发挥高校、研究机构等组织的力量,开发数字经济不同层面和不同产业场景的原理方法和解决方案,形成面向全社会的数字经济培训学习材料。在学习模式方面,在保留一定数量的传统线下培训的基础上,大力推广线上教学、智能助学。

4.2.5 创立资本要素优势

资本是建设网络强国、发展数字经济不可缺少的要素和强劲动力。江苏省资本市场的各项指标一直处于全面领先水平。目前,江苏省共有境内上市公司 584 家,位居全国第三;其中,科创板上市公司 76 家,位居全国第一；新三板挂牌公司 836 家，位居全国第三；上市、挂牌公司后备资源也位居全国前列。江苏省 2021 年 GDP 为 116 364.2 亿元，增长 8.6%，总量仅次于广东，位居全国第二；其中，江苏实体经济总量由 2012 年的 48 741.6 亿元增至 2021 年的 98 257 亿元，增长超过 1 倍，年均增长 8.1%。江苏人均 GDP 已经超过中等发达国家和地区的水平，2017 年江苏人均 GDP 首次超过 10 万元，2021 年达到 13.7 万元，超过广东的 9.83 万元。江苏各级财政对数字经济投入不断加大，并建立政府引导、社会投入的信息化投融资机制，采用政府和社会资本合作（Public-Private Partnership，PPP）、服务外包等模式，引导带动各类社会资本投入数字经济。

"数字江苏"建设需要以新投资促新经济。要想打破供给与需求原有平衡态，建立新的平衡态，就要以新的增量投资来拉动，而增量投资的来源，一是政府，二是企业，三是金融投资机构，四是居民。

1. 推动投资方向的转变

推动投资方向从旧产能转向新产能，提高网络化水平，加快数据、信息和知识的数字化，提升 AI 应用水平，加快生产和决策的智能化；明确政策性资金、政策性让利等全部集中于新产能；投资应明确主导性的产业方向，如数据市场和算法市场；突出关键产业升级环节，如钢铁业的优特钢工艺、软件业中的使能平台研发、食品产业中的品质保障等。

2. 促进投资主体的转变

推动投资主体由国有投资平台和金融投资机构转变为企业和居民。促进企业投资，一要抓新龙头企业的生态化构建，使产业生态中的投资具备成长性和抗风险能力；二要重新放开基金设立和管理公司的审批，繁荣融资投资服务市场。三要促进居民投资，重新研究、规范和放开社会互助式借贷市场，实现对过去 P2P 模式的扬弃和出新，通过"限高""垫底""强过程"的思路，建设社会化借贷新平台。"限高"的具体措施如融资利率不得高于同期法定利率的 2 倍；"垫底"的具体措施如全部融资由政府指定的第三方托管；"强过程"的具体措施如借鉴滴滴出行的安全监管模式，在借贷发生时、过程中及清结兑现等环节实现全过程在线化，并设定相应的智能预警。

3. 加快证券化实验

资产证券化分为两步，第一步是经营性资产的数字化，第二步是数字化资产的证券化。

经营性的资产可以通过数字技术的改造（加载传感、接入网络、采集数据等），实现资产属性的数字化。资产数据包括属性数据和效用数据。前者包括所有者、采购成本、出厂信息、功能、位置等数据，后者包括加工运行数据、性能状态数据等。当资产以数据形态存在，资产的效用就可以被记录和运算。以资产的营收数据为依据，即可计算出相应的信贷额度。

建议在南京试点资产数字化一体化平台的基础上，开发上线资产数字化共同使能平台，让协议接入企业的设备或其他资产获得数字化形态，并得到相应的信贷预估。在第一阶段，可以在同一行业或关联领域的相关企业试点，同时作为国有资产改革试点，先行建立国有资产数字化使能平台。

实现资产的数字化之后，可以更进一步，推行资产的证券化。目前，资产证券化仅在房地产开发中做过尝试。江苏应大胆突破，考虑对关键产业领域核心资产和区域经济特殊资源进行资产证券化试点。具体的操作方式是：定义核心资产和特殊资源，相关资产完成数字化，基于经评审认可的价值模型动态计算标的投资价值，形成交易参考数。资产证券化交易可以在省、市两级资产交易平台进行，但相关平台应升级具备资产数据采集、数字确权、数字估值及数字交易等能力。

4. 优化投融资环境

不断完善投融资服务体系，有效引导投融资方向。健全体制机制，优化市场环境；科技创新驱动，金融资本赋能；融合实体经济，推动结构转型；助力网信企业，支持做大做强；支持发展私募股权投资基金，形成新的经济业态和创新经济发展的路径。

4.2.6　创立基础设施要素优势

新型基础设施建设在科技端持续发力，涉及 5G、卫星互联网、特高压、大数据中心、AI、工业互联网等领域诸多产业。在国家明确提出"加快 5G 网络、数据中心等新型基础设施建设进度"的大背景下，发力新基建，方能筑牢"智慧江苏""数字江苏"的根基。

1. 重点推进基础技术研发

（1）新一代通信网络

一是 5G 网络。围绕新基建谋篇布局，积极布局支持 5G 技术研发，加强与华为、阿里巴巴、腾讯等领军企业的产学研合作，抢占 5G 商用先机，率先在 13 个产业集群普及商用。鼓励 5G 网络与下一代互联网、移动互联网、窄带 IoT 协同应用，大力推动电信网、广电网、互联网三网融合发展。到"十四五"末，实现 5G 网络全覆盖。加快数字基础设施核心技术和应用技术协同攻关，加大 5G 增强技术、6G 技术研发支持力度，推动创新链、产业链、资金链、政策链的精准对接。

二是下一代互联网（IPv6）。加强下一代互联网新型网络体系结构与关键技术创新，完善 IPv6 技术标准体系。推广移动和固定网络终端的 IPv6 应用，实现网络全面升级。加快基础设施升级改造，优化流量调度能力，强化 IPv6 网络安全能力建设。加快江苏互联网典型及创新特色应用 IPv6 升级，开展政府网络 IPv6 改造与工业互联网应用。加强 IPv6 网络安全防护手段和防护体系建设，支持 IPv6 安全技术研发、应用和融合创新，跟踪 IPv12 发展的最新动态。

三是卫星互联网。以积极政策举措助力卫星互联网产业落地与成长，推动卫星通信系统、卫星应急通信系统、卫星应用终端及卫星遥感设备的制造与应用，扶持卫星导航系统技术的开发与应用。研究部署"江苏星"

定位卫星发射和应用，实现江苏区域卫星数据的 24 小时观测和传递。

（2）大数据中心

引导大数据产业合理布局，建成一批国际一流的区域大型数据中心，加快建设江苏省政务云大数据中心，支持互联网数据中心、云计算中心、灾备中心和安全认证中心等功能性基础设施建设的统一布局和升级改造。重点扶持入选 2020 年大数据产业发展试点示范项目的江苏企业发展，通过试点先行、示范引领的方式，总结、推广可复制的经验和做法，加快全省大数据技术应用和产业发展。

（3）前沿技术

一是 AI。创建江苏 AI 创新应用先导区和江苏新一代 AI 创新发展试验区，推动省级 AI 产业园建设，培育一批 AI 龙头企业，力争掌控产业链的高价值环节。开展 AI 应用示范试点，在制造、医疗、交通等领域培育一批示范项目。围绕算法、软件、传感器及芯片等领域加强基础理论研究，在机器深度学习、人机交互、自主操控等强 AI 技术领域实施关键核心技术揭榜攻关，加快推动 AI 在智能制造、医疗健康、金融商贸、交通运输、教育旅游、智慧城市等场景的融合应用。依托骨干龙头企业建设 AI 产业技术创新中心、AI 算法中心、视觉算法平台、AI 开放创新平台等公共技术平台，重点扶持苏州创建"国家新一代 AI 创新发展试验区"和"人工智能创新应用先导区"。

二是区块链。以提升区块链技术创新能力为主攻方向，以推动区块链和实体经济深度融合为重要抓手，统筹推进区块链技术研发、产品应用和产业培育，着力在前沿基础理论研究、关键核心技术攻关、创新融合应用、产业园区创新发展、科技企业引进培育等方面取得显著进展，努力将江苏打造为区块链技术和产业创新发展的战略高地。首先，强化区块链科研前瞻布局，聚焦区块链重大前沿问题，前瞻布局传输机制、存储机制、计算机制、安全多方计算、对等网络框架、隐私数据保护、容错机制、共识机制等基础理论研究。突破应用基础技术瓶颈，围绕应用目标明确、有望引领区块链技术升级的重点领域，加强数字签名、哈希函数、数据结构、零知识证明、非对称密码等基础原理和方法的研究攻关。开展跨学科探索性研究，推动区块链与数学、经济学、社会学等相关基础学科的交叉融合，重视区块链法律伦理问题研究，支持原创性强、非共识的探索性研究。强化关键共性技术攻关，开展区块链专利导航评议，跟踪共性技术研发热点和专利布局重点。加强区块链加密算法、分布式传输与网络、共识机制、智能合约、用户隐私与数据安全等关键核心技术的研究攻关，建立健全区块链关键核心技术体系。强化创新平台载体建设，面向全球精准引进一批区块链领域世界一流大学科研中心、实验室等高端研发机构，建设一批国际科技合作基地、联合研究中心等平台载体，积极承担国际区块链重大项目，抢占产业技术创新制高点。其次，推动区块链产业集聚发展，着力培育区块链新兴业态，壮大区块链企业，推动区块链技术在产业园区应用发展，加强区块链应用管理。

三是未来网络。完成国家重大科技基础设施未来网络试验设施项目（CENI）基础网络的主体建设，积极拓展未来网络区域网建设，逐步实现CENI网络在江苏重点区域的延展，建成高可靠、广覆盖、大带宽、低时延、可定制的新型基础网络设施。突破自主网络操作系统等关键核心技术，建设面向全国、全球开放的支撑跨学科交叉融合发展的"未来网络+"公共试验平台。面向全省开放科研试验网的基础设施资源，为企业数字化转型等提供专网服务和解决方案，服务工业互联网等国家重大战略。

四是量子信息。鼓励量子计算、量子测量等领域创新突破，积极争取中科院等在量子信息领域的创新成果在江苏转化落地。支持量子信息企业在政务、金融、电力、医疗和铁路等领域开展应用创新，把江苏打造为国内重点量子信息产业创新创业基地，加快向量子信息科学中心迈进。

2. 着力建设基础应用平台

（1）基础性云平台

一是大数据工程开放平台。重点实施大数据新兴业态培育工程、信用信息系统建设工程、现代农业大数据工程、经济运行大数据工程、智慧交通大数据工程、警务大数据工程、市场监管大数据工程、人力资源社会保障大数据工程、健康医疗大数据工程、食品药品大数据工程、环境保护大数据工程、审计大数据工程和安全生产大数据工程。实施政府大数据资源共享开放工程，建设全省统一的"大平台、大数据、大系统"，加快构建省、市、县三级大数据共享交换平台，防止数字鸿沟在江苏各区域间加大。

二是云计算操作系统平台。加快云计算操作系统等基础软件、海量存储设备等核心基础设备的研发及产业化。支持企业开展边缘计算产品研发和规模应用，推动政务云、行业云、"互联网＋"云计算应用发展。以推动云计算创新应用为重点，建设工业云、企业云和中小企业"e企云"。大力推进工业互联网标杆工厂建设、"互联网＋先进制造"特色基地建设等工程，发展工业互联网生态体系，提升两化融合和智能制造发展水平。支持建设面向重点行业、重点地区的企业云服务平台，鼓励重点企业建立协同研发设计云服务平台，推进江苏省云计算服务创新发展试点。

三是网络安全基础平台。支持重点企业、高校、科研院所开展网络信息安全核心技术攻关，加大对工业互联网安全技术研发和成果转化的支持力度，强化标识解析系统安全、平台安全、数据安全、5G安全等相关核心技术研究，加强攻击防护、漏洞挖掘、态势感知等安全产品研发，推动建设江苏省工业互联网安全监测与态势感知平台。

（2）专业性云平台

一是建设一批工业互联网平台。大力发展"5G＋工业互联网"，实施智能制造工程和制造业数字化转型行动，推动工业化与信息化深度融合，促进"江苏制造"向"江苏智造"转变。依托未来网络重大基础设施和产业链上下游龙头企业、科研机构，共同打造在全国有竞争力的工业互联网赋能平台。围绕新型电子信息、高端智能装备等先进制造业集群，依托行业龙头企业，到"十四五"末，全省建成 1 个国家十大双跨平台、75 个省级重点工业互联网示范平台，打造 20 个在全国有影响力的工业互联网平台，作为长三角区域合作关键工程，持续深化推进长三角工业互联网区域合作。

二是建设工业互联网标杆工厂。推动规模以上工业企业利用工业互联网新技术、新模式，实施数字化、网络化和智能化升级，鼓励支持制造业骨干企业向产业高端化迈进，建设一批智能车间和智能工厂，在新材料、集成电路、高端装备、电缆光缆、汽车、化工、钢铁等行业合作推进工业互联网标杆工厂建设。重点建设南京江宁、扬州仪征的工业互联网 Iaas 平台，打造新型基础设施，推动省重点工业互联网平台应用资源建设，提升全省工业互联网发展基础支撑能力。

三是推进工业互联网标杆服务商建设。持续实施企业上云，推进"企业上云"行动计划，培育本土智能制造系统集成和解决方案服务商。组织开展工业互联网服务资源池建设，认定一批重点工业互联网平台服务商、工业互联网网络平台建设服务商、工业互联网解决方案提供商、数据采集服务商、工控安全服务商、工业互联网配套服务商，打造工业互联网服务生态体系。

四是大力打造工业互联网数据供应链。以数据流引领物资流、人才流、技术流、资金流，形成产业链上下游和跨行业融合的数字化生态体系。打通产业链上下游企业的数据通道，促进全渠道、全链路供需调配和精准对接，以数据供应链引领物资链，促进产业链高效协同，有力支撑产业基础高级化和产业链现代化。

3. 加速传统基建数字化

加速推进公路、铁路、水运、民航、邮政等传统基础设施智能化升级，协同建设车联网、船联网等信息网络基础设施，推进平台互联、数据互通和设施共享，完善综合交通协同运营与管控，积极发展多式联运，重点实施智能交通、智慧能源、智慧环保、智慧水利和城市大脑示范工程。

（1）智能交通

加快推进交通、能源等基础设施项目，利用新技术助推沪通铁路一期、沪通铁路二期、南沿江铁路、北沿江高铁、沪苏湖铁路、通苏嘉甬铁路等项目实施。深度应用互联网、大数据、AI等技术，支撑传统基础设施转型升级，形成融合基础设施。加快推进车联网先导区建设，在省内加大智能充电桩建设力度，扶持无人驾驶技术的发展和应用，加大力度弥补交通运输领域的冷链物流短板。

（2）智慧能源

推动智慧能源基础设施建设，依托江苏首个省级特高压环网建设，加快推进特高压产业链，带动江苏电力产业链发展，打造江苏共赢共享生态圈。

（3）智慧环保

基于国土资源"一张图"，构建"天、空、地"三位一体的能源立体监测、监管系统，建设污染源自动监控系统、环境地理信息系统、环境应急指挥系统、公众监督与执法管理系统。加大ICT等技术在环保行业的应用，重点建设综合能源管理平台、重点耗能企业能耗在线监测平台、智能电网系统，大力发展新能源汽车服务网络，推动"互联网＋"再生资源回收利用、产业废弃物资源化利用。

（4）智慧水利

重视水资源、水生态、水环境的需求与水利行业监管能力不足的矛盾，强化信息资源共享，建立完善数据定期更新和共享应用机制，做好与水利部和省政务平台的数据资源对接工作，盘活水利数据资源。深化大数据应用，充分挖掘政务大数据资源价值，为水利各业务领域发展提供全面的信息资源服务，提高管理智慧化水平，助推水利高质量发展。重点建设水利灾害预警系统，保障水安全。开展节水行动，推进水生态保护与修复，建立健全水利基础设施网络，贯彻乡村振兴战略，重视乡村水利，强化水利改革与管理，促进区域协调，推动水利法治建设、科技创新。按照"统一规划、应用主导、资源共享、先进实用"的原则，完善水文、重点工程监控等信息站点与服务网络，到"十四五"末，实现水利信息资源整合共享，构建"标准统一、互联互通、广泛共享、深度融合"的智慧水利综合体系，提高水利综合决策支撑能力，以水利信息化引领水利现代化。

4.3　融合发展平台经济，形成区域一体联动

江苏全省经济可视为一个超级经济体，要以经营视角建立整体化的运营体系。例如，可以将全体企业为主的市场主体作为全省经济的前台，将政府、事业单位及国有科研、服务机构和公益型国企等作为全省经济的后台，同时创建承接后台、支持和响应前台的全省经济中台。

4.3.1　众创前台

2019 年底，江苏全省各类市场经营主体超过 1 000 万家，就业人口达4 745 万人。以企业为主体的各类经营主体是全省经济的大前台。数字技术引发的新经济变革对处于前台的经营主体造成了巨大的冲击，也带来了极大的机遇。

（1）活力工程

以增强企业活力为主线，推行新产品、新服务、新技术、新模式"四新共创"的活力工程。在传统的发明专利等知识产权登记保护基础上，运用区块链技术建立新的创新确权和认证服务平台，对活力工程中的"四新"成果进行平台注册，促进市场化交易和共享。

（2）家企工程

变家庭为市场经营主体，新婚登记时附加资产登记，原有家庭也可申请附加资产登记，家庭作为经营单位参与市场交易和经营。推行家庭法人

化，让家庭与企业一样具备民事行为主体资格。

（3）延税工程

在减、免税政策基础上，尝试延税措施，小微企业可以申请将当年应纳税额延期 1～3 年缴纳，规模以上企业可以将当年应纳税额的 50% 延期 1～2 年缴纳。

（4）数字工商

新注册企业全部线上申请登记，现有企业原有工商管理事务全部线上办理，真正做到"不见面审批"。其他税务、民政等管理事务同样全部线上办理，实现"不见面服务"。

（5）虚拟园区

各类企业进入线上虚拟园区，按行政区划设立线上分区。实体园区提供线下办公条件，虚拟园区提供政策、数据、共享软件及计算服务。

4.3.2　超级中台

政府要规划和引导建设支撑全省经济发展、赋能全省市场主体的超级中台。超级中台既是数据中台，也是能力中台和服务中台。为了建设超级中台，可由政府规划引导并设立相应基金，鼓励相关领域的领军企业参与，组建国有控股的建设、运营和服务载体。

（1）超级数据中台

建立政务、产业、教育、安全、生活五大超级数据中心，为各领域社会和经济主体提供数据应用、基础算法和共享算力支持。超级数据中台以开放、共享、安全为宗旨，按省、市、区分层建设，按产业、企业和个人分类应用。

五大超级数据中心可以分别设立国有控股、混合所有的建设及运营公司。除了政务大数据公司，其他四家公司企业股东可包括国内国际一线大数据企业、本省大数据服务优秀企业及重点用户企业。

（2）超级能力中台

建立全社会知识图谱和各产业知识中心，集成不同专业的实验、测试、计量平台，整合不同领域的教育、培训和认证服务，全面支撑各级各类人才的知识、技能和素养提升。

分别设立全省知识创新共享中心、全省试验创新共享中心、全省教育创新共享中心、全省人才创新共享中心，各中心由相关领域的高校、科研院所、企业等以混合所有、非营利的"公益＋市场"方式建设和运营。

（3）超级服务中台

建立全省企业服务智能响应中心、家庭服务智能响应中心和人才服务智能响应中心，以"1+N"模式整合各类专业服务能力主体，提供面向企业、家庭和个人各类共性和个性需求的快速响应和共享服务接入。

三大中心由政府牵头组建，相关领域的企业和机构共同参与，以混合所有、非盈利的"公益＋市场"方式建设和运营。

4.3.3　公共后台

江苏产业经济的全面转型需要政府公共服务的全面创新。政府以全省经济大后台的视角，行使引领、支撑、服务的职责和功能。建议江苏重点关注以下三大领域的后台打造。

1.数字化人才的开发和引进

数字化人才，是指围绕数字经济培育发展的各专业、各层次人才。现在，全国数字化人才结构性短缺，江苏在数字化人才结构比上落后于北、上、广、深等城市和浙江，但南京和苏州的数字化人才净流入量较高。

建议江苏制定数字化人才培育和引进专项规划，并采取以下具体措施。

- 开发数字化人才图谱。依据新产业圈层，从基础技术层、基础设施层、应用平台层、价值创新层和价值复制层分别解析、定义不同领域的数字化人才，区分人才等级，通过数字化人才图谱为全省数字化人才调研、评价及开发、引进提供依据。

- 编制数字化人才地图。依据数字化人才图谱，全面调查全省各市、区及各产业、企业内现有数字化人才，评估数字化人才总量、结构和使用情况，服务数字化人才的流动和共享。

- 发布数字化人才权链。根据数字化人才不同的资格、能力和成果，赋予不同的身份及权益计划，数字权益通过区块链技术平台确权，可在所有公共平台上使用。

- 建设数字化人才基地。支持高校开设数字技术、数字经济相关专业，支持有条件的大学建立数字经济学院，省内筹建江苏数字经济大学。

2. 数字经济产业资本的培育和发展

浙江、福建、安徽、山东等省均已设立促进数字经济发展的专项资金或引导基金。建议江苏及时出台相关规划，设立产业引导基金，配套专项资金，综合运用投资补助、贷款贴息、购买服务、奖励等方式，利用财政资金的引导作用，带动社会资本投资，促进数字经济加快发展。建议江苏采取以下具体措施。

- 对数字化重大项目进行贴息补助，对数字经济产业基地、重点园区、创新平台、重点行业公共平台等基础设施新增投资及重大项目投资提供贷款贴息支持。

- 推广应用示范奖励，支持开展数字经济区域性、行业性试点示范和互联网、IoT、卫星应用等新技术、新业态、新模式创新应用。对于购买"数字江苏"各类数字平台服务的企业，按每年费用的一定比例予以补助。

- 对数字经济龙头企业落户和数字化联合体设立进行奖励。数字经济龙头企业在江苏设立具有独立法人资格的机构，注册资本金实际到位达到标准的，给予一次性落户奖励。

- 创新产品及活动奖励。对于评选的数字经济重点领域优秀创新产品，分档次一次性给予奖励；对于社会第三方机构或业内知名企业组织开展的全省数字经济创业创新大赛，每赛次安排大赛奖金；对各市、区推进"数字江苏"建设和数字经济发展实施正向激励，奖励资金由各地用于推进信息化建设和数字经济发展。
- 鼓励基金投资。鼓励金融机构、产业资本和其他社会资本设立市场化运作的数字经济相关领域的产业投资基金和创业投资基金。基金以股权投资方式投资江苏未上市数字经济企业，年度投资总额达一定标准的，按当年实际投放投资总额一定比例给予奖励。

3. 数字化政策创新赋能

（1）推进数据产权超级计划

建议以政府力量广泛推动江苏市场的网络知识产权共享协议应用，改变其目前仍是民间小众应用的局面；实现江苏版的"知识共享计划"；重点关注和扶助"联邦学习计划"。

联邦学习是我国科学家发起的能够实现数据产权"破局"的最新解决方案，它从技术上实现了数据"可用不可见"。目前，全球科学家正在联手准备将其升级为国际标准。江苏应积极争取成为这一计划的发起者、倡导者和最早的应用市场，让全省的主要产业平台都成为这一标准的标杆应用，同时发展一批专业服务机构，争取成为这一标准的国际办公机构所在地和国际年会常设举办地。

（2）建立数字货币超级市场

建议全省部署，推广数字货币的市场化应用，推进代码化的经济交易，促进算法高效运行。首先，政府预算、政策专项等全部以 DCEP 的形式下达和流转。其次，与央行合作，研究数字货币与产业链金融创新的突破口。再次，推出数字货币"苏货"超级市场，全部以数字货币支付结算。最后，尽快规划、促进发展一批围绕数字货币的领军型生态企业，如数字钱包开发运维商、支付场景设施提供商、数字货币金融服务商等。

（3）建立智能合约超级公链

建议加强对算法的伦理规则审核、立法监督及消费者权益保护，发起建立透明商业。建议政府推动建立以区块链技术应用为基础的商业协作体新规则，加入协作体的商业主体（从企业到家庭再到个人）的每个交易动作和协议关系全部由协作平台确认，而且不可更改、自动执行，实现自愿加入、规则共守的透明商业示范体。建议选择某个产业（如南京江北新区集成电路产业或桂花鸭等食品产业），以产业链协作体为基础进行试点，在应用系统相对成熟后向上下游和周边扩展。

4.4　突破关键领域瓶颈，创新技术应用实践

江苏开展数智经济建设，在生态定位、要素建设和平台化运营的基础上，要特别关注数智化发展过程中必然会遇到的一些特殊问题。这些问题解决不好，就会变成关键瓶颈；解决好了，就能成为重要驱动力。

4.4.1　数据公器化

作为社会信息载体，数据是数字经济的核心生产要素，已经成为国家基础性、战略性资源。数据资源具有公共服务性和社会共享性，数据共享普遍被视为一种公共事业，数据治理体系成为政府治理能力的重要组成部分。我们将此类问题统称为"数据公器化"。江苏数字化经济实践中遇到的数据公器化问题主要包括横向数据共享系统割裂、数字化治理模式透明度及公平性较低、数据安全得不到充分保障、技术支撑能力不足、共享数据质量不高、共享权责界定不清晰等。因此，江苏需要提升数据治理能力，并从数字化治理理念、机制、保障等方面建立技术理性与价值理性、权力边界与责任关系、数据安全与数据利用之间的调适机制，既要确保数据共

享高效可靠，又要满足数据确权公平透明，更要使数据治理获得伦理确证与道德规约，实现"善治"与"善智"的互构。

江苏正在聚集省级公共服务大数据资源和各类应用，继续推进智慧江苏门户、智慧江苏 App、智慧江苏微信小程序等载体建设，推进苏康码建设，支持各设区市公共服务平台和新型智慧门户建设，支持和引导社会资金加大智慧江苏平台投入，鼓励平台进一步创新市场化运作与合作模式。江苏还在推动智慧江苏门户平台面向政务服务、民生服务、企业服务等领域，完善客户互动服务功能，增强智慧服务体验，持续探索和深化跨平台、跨区域、跨领域应用，加强平台与江苏政府网站群、全省政务服务"一张网"的深度融合，推进"多屏联动"，打造全景式、全覆盖的省级公共服务平台。在数据公器化方面，建议江苏采取如下具体举措。

1. 健全治理准则规范体系

（1）推动以人的根本利益为价值取向，遵循以人为本的原则

强调数据科技服务于人民，增进人民福祉，促进人的全面发展，保障人民群众的利益、尊严和价值主体地位不受损害。加强对科研方案的伦理审查与风险收益比评估，强调科研方案对人的尊重。加快新一代信息技术建设，使之成为满足人民基本需求、维护人民根本利益、促进人民长远发展的重要手段。加强环境治理，弱化生态环境风险，增强人的受益程度，实现人与自然的可持续生存和可持续发展。尊重人的自主性，将人看作目的本身，不能仅作为手段或工具。尊重人的隐私，坚持人际平等、社会公正等。

（2）始终坚持公开化、透明化原则

相关部门要加强监管，治理委员会人员和社会公众要充分运用手中的监督权，对数字伦理进行有效监督。引导企业躬身入局，加强企业自治。鼓励企业承担技术创新对应的责任，自觉完善内部治理和合规管理，开展技术和产品人员的技术道德伦理培训，同时提升数据保护技术能力。支持

主管部门通过优秀案例评选等方式总结企业治理可复制的经验和模式，通过适当方式予以宣传推广。设立人脸识别等敏感领域的准入资质。

（3）加强数字技术的安全性和可靠性

依据治理准则，加快建立健全规范体系，防范利用数字技术作恶的行为，引导科技向善而行，善用技术塑造健康包容、可持续发展的智慧社会。鼓励公共部门建立算法问责机制，通过法律法规明确底线，明确责任归属，争取实现"敏捷治理"，保证数字技术履行造福人类的社会职责。通过技术工具和标准制定等技术手段解决技术发展问题，实行伦理、科技、法制三角治理机制平衡创新发展与精准治理。

2.完善多元共治治理格局

（1）建立有效治理体系

依据党的十九届四中全会精神，建设人人有责、人人尽责、人人享有的社会治理共同体，加快形成"党委政府领导、部门分工合作、社会共同参与"的治理格局，进一步发挥党委总揽全局、协调各方的领导作用，将科技伦理治理放到科技创新和经济社会发展全局中统筹规划、整合资源，增强治理的系统性和协同性。政府、企业、行业组织和学术共同体（如高校、科研院所、协同创新中心等）和伦理委员会明确责任、各司其职，密切合作、齐抓共管。倡导以人人参与、人人受益的理念进行科技伦理治理，并在着力提高公众科学素养、提升社会文明程度的基础上，优化社会动员机制，搭建群众参与治理的线上线下平台，有机衔接治理的相关主体和群体，形成数字伦理治理的强大合力。

（2）保障公众的数字福祉

加快消除数字鸿沟，减少或防止网络过度使用、信息茧房、算法偏见、假新闻等对个人健康、思维、认知、生活和工作等方面的负面影响，呼吁互联网经济从吸引乃至攫取用户注意力向维护、促进用户数字福祉转变，要求科技公司将促进用户数字福祉融入互联网服务设计。加快改变"科学家立项、企业出资、政府批准"的"三驾马车"决策路径，让具备专业知识的人文社科学者和公众代表及关注科技创新的民间组织参与上游科研决策过程，加强公众对科学的理解和信任。保障劳动者的工作和自由发展，为当下和未来的劳动者提供适当的技能教育，为过渡期劳动者提供再培训、再教育的公平机会，支持早期教育和终身学习。

3. 优化数据共享治理模式

（1）从协同模式上完善信息共享体系

以共有的道德标准要求参与智慧治理的个人及组织尊重个人隐私，树立科学的数据隐私观和道德意识，形成行业自律体系，构建理性的虚拟空间秩序。

（2）从法律上建立信息法律规范

不仅要从国家安全制度的执行、从业人员的考核、技术开发资格的审查等方面强化管理，还要不断健全大数据隐私法律法规，运用法律这一强制性手段为国家、企业及个人的信息数据安全提供必要的保护。

（3）从技术上建立安全的大数据保护模式

在信息的采集、存储、使用、处理等各个环节强化技术设置，进行严格的数据伦理评估，加强应用的风险研判和防范，综合运用技术创新、伦理规范、法律制度等手段和方式防止其野蛮生长，确保在符合伦理规范的前提下有效保护隐私安全。

4.4.2　数据资源资本化

随着数据赋能经济社会高质量发展趋势彰显，数据资源资本化正在逐步扩展至国民经济的各个领域，日益发挥出促进国民经济增长的重要支柱作用。生产要素资本化是指将要素资源未来收益以产权化、证券化形式转变成可以流通的资本。数据资源资本化是指按照市场化手段对数据要素进行投入产出管理，它也是释放数据要素活力、提升数据要素价值、实现数据资源保值增值的重要路径。在江苏经济从高速增长转向高质量发展阶段，合理确定数据产权、明确数据权属问题、加强交易规则制订、建立有效的交易机制等是推动数据要素资本化的核心环节。

江苏正在建设"平台＋生态"的线上线下相结合的园区数字平台，以支撑园区企业数字化转型和数字产业集群发展，集聚数字经济相关企业，打通创新链和价值链；建设南京软件谷、江北新区研创园、苏州高新区区块链产业园、无锡高新区 IoT 产业园等数字经济智慧示范园区，推动基础软件研发、工业软件应用及区块链、IoT、智能机器人、数字化 3D 重建、智慧导览、高清直播等技术在高新技术园区的应用；助力常州、盐城和丹阳新能源汽车产业园数字化建设，推动图像识别、芯片设计、自动驾驶、虚拟体验在工业园区的应用；支持与国外科技园区、创新伙伴开展数字经济双向合作，搭建国际化数字化协同创新平台，开展前沿技术研究、标准创制、应用推广及创新服务；完善全球化创业投资服务体系，借助南京、苏州和连云港自贸区三个片区构建生物医药、集成电路等产业的数字园区创新生态网络，促进全球性资源在自贸区内信息协同、资源协同、创新协同，推动国内外核心技术的合作发展。

在数据资源资本化方面，建议江苏采取以下具体措施。

1. 合理确定数据产权归属

（1）加强数据产权顶层设计

推动立法或司法解释，结合新颁布的民法典，明确原始数据、集成数据等各类数据的权属关系，明确可交易数据的范围，确保数据产权清晰、交易合法合规。加快赋予集成数据实施主体明确的权利和义务，有效激发市场主体加工、开发数据的积极性，提高数据质量。

（2）实现数据所有权和经营权的剥离

鼓励有相关运营经验的市场主体对数据资本进行有效控制，推动数据资本边际成本递减，实现数据要素价值最大化。在确定可交易数据范围的基础上，明确数据所有权归数据生产者、数据经营权归数据经营者的权利关系，有效保护各类市场主体的权益。

（3）遵循边际贡献原则，合理安排数据产权

遵循边际贡献原则，选择边际贡献最大的方案。放大规模效应和范围效应，持续向基础设施、人力资本等方面投入，选择专业化市场主体经营运作。赋予数据经营主体数据处置权，向数据经营主体倾斜收益分配，有效提高市场主体的积极性。

2. 加强数据保护和利用

（1）加强数据安全管理

强调数据的安全使用、合规使用，根据行业类别、数据类型、数据规模和主要用途等要素，合理确定数据敏感程度和安全级别，有效做好数据安全保护；加强涉及公民个体和市场主体的数据隐私保护，坚持非必要不收集隐私数据、非必要不使用隐私数据的原则，努力打消数据生产者的顾虑；发挥区块链技术在防止数据篡改、实现数据溯源等方面的作用，解决市场主体之间的数据信任问题。

（2）推动数据高效利用

加强数据标准体系建设，有效降低数据流通和二次开发的成本；提高数据开放的频次和质量，尤其要针对政务数据、社会公益性公共数据，增加市场主体反馈机制，助推数据主体提升数据开放质量。在统筹数据保护和利用的制度供给方面，坚持防止数据过度采集、非法滥用，避免数据过度保护抬高市场主体合规成本、抑制市场创新活力。

3. 创新数据投资运营模式

（1）鼓励银行规范开展数据质押

在数据质押模式下，银行向市场主体提供贷款的前提条件是将市场主体产生的有关真实数据授权给银行使用，银行通过评估数据真实价值及隐含风险，实现对贷款主体的风险评估。在已经开展数据质押业务的基础上，

要进一步规范数据质押管理。加快建立数据质押风险预警模型，利用大数据技术分析质押客户的消费和投资偏好、社群影响力等，合理确定风险利率；或者建立数据交叉验证机制，通过收集外部数据验证质押数据的真实性。

（2）建立数据资产证券化机制

推动以数据为基础资产，以数据资产经测算后预计产生的现金流为偿付来发行证券；建立健全数据资产登记、评估机制，率先推动权属无疑义、安全有保障、预期有收益的数据资产直接参与股权融资，实现真正意义上的数据证券化。

（3）加强数据资产金融产品创新

重点围绕工业大数据、服务业大数据等领域开发相关保险产品和信贷产品，提升金融对数据要素市场的服务水平。

4. 规范数据交易市场

（1）探索合理的数据定价机制

保障数据交易的前提是根据数据的性质采用不同的定价规则。针对原始数据存在数据密度和质量不同、数据可能不唯一、不确定市场是否有需求等情况，无法采用标准化定价法，应根据数据资产的实际情况和市场预期，采用动态的综合定价法。集成数据涉及基础设施和人力资本投入、算法的使用等，因而数据的价值较原始数据实现了倍增，此时应采用成本定价法，实现对市场经营主体成本和合理利润的有效覆盖。

（2）依法规范数据交易平台

加快建立数据交易平台评级评价制度，主动为市场主体提供有关交易平台可信情况的评价数据；加强对数据交易平台的运营监督和违规惩戒，确保数据交易平台合规经营。

4.4.3　身份可信化

随着经济社会发展不断向数字网络延伸，网络中的数字身份可信化管理及网络行为可追溯等需求已成为数字网络治理的重要内容。数字身份通常指对网络实体的数字化刻画所形成的数字信息，如个人标识及可与标识一一映射的绑定信息。确定网络主体的身份要以数字身份为凭证，用户在不同的应用服务中可使用不同的数字身份进行标识（如手机号码、电子邮箱、微博、微信等），这些身份属性信息可以辅助业务机构确定一个人的身份，但是此类信息是可以变更、隐藏甚至注销、废弃的。可信数字身份具有权威、安全、可信、便捷的特性，是现实生活和网络行为的通用凭证。为了保证用户在网络空间活动中个人身份（标识）的可信及个人行为的可信，确保数字身份在网络空间中的可信已经成为近年来国家数字经济关注焦点和江苏数字化治理着力点。

江苏组织省域内企业对接公安部承建国家"互联网＋"重大工程可信身份认证（CTID）平台。CTID 平台以法定身份证件为凭证，为网络活动主题建立信任根，为各行各业提供统一、权威、多级可信的网络身份认证服务。目前，CTID 平台已经在很多政务平台中对接应用并实现了政务服务"一次认证、全网通办"，有力支撑了国家、地方和公安政务服务，有效地推进了"一网通办"及企业和群众办事"最多跑一趟"。CITD 平台实现了网上网下身份管理的一体化，促进了网络空间信任体系的建设，承担着网络空间中最核心的基础信任源的角色，是信任链传递最初始的根，是国家实施网络身份治理的重要基石。当前，CTID 平台正在积极研究基于可信数字身份的分布式数字身份技术的研究与应用。

在身份可信化方面，建议江苏采取以下具体措施。

1. 制定顶层全局战略规划

（1）政府主导，建立可信身份基础设施

基于物理社会中政府的信用，由政府主导，由社会机构参与，以江苏省可信身份管理基础设施为轴心，形成可信身份管理与可信身份服务双重价值，加强企业内控、行业自治、政府监管并行的可信身份管理，推动认证互信、行业取证等可信身份服务落地，有序推进江苏省可信身份战略落地。

（2）确定核心技术架构和原则

可信身份系统建设包括公钥基础设施（Public Key Infrastructure，PKI）和人脸识别技术等身份认证技术，要明确各类相关技术的融合应用基本原则，设置技术及相关产业的研究重点和发展方向，根据不同的应用场景划分"必须""可选""禁止"等不同层级的身份认证管理需求。

（3）厘清各方主体责任

界定可信身份信息网络的规则制定者、平台建设者、运维者和信息使用者的主体责任和权益，区分自然人、法人及其他责权主体的数字身份信息根级源头，规范信息源数据的获取链路、获取方式和获取规则，明确协同过程中各方特别是信息源提供方与信息接收方的责任与权益。政府提供的身份认证服务要强调基础性和公益性，企业提供的身份认证服务要突出应用性和市场化，两类身份认证服务的服务领域不同、服务平台不同、服务模式不同。鼓励为合法运营且有市场需求的可信身份信息网络服务机构提供更多的源信息支持和经营环境保障，助力该行业有序、健康发展。

2. 推动政企合作共建共管

（1）建立省级可信身份管理服务云平台

省政府相关部门牵头规划并引导相关技术服务商和数据服务商协作共建全省可信身份云平台。该平台的核心功能是为全省政企和居民提供合法经营、就业、交易等活动中所需的身份基础信息的核验服务，以及跨身份域的身份互认服务和相关的行为取证服务。要为该平台的建设、运营和应用建立专门的机构和团队，通过可信身份基础设施的建设和持续优化，实现对可信身份的有效管理和对身份隐私的有效保护，推动可信身份服务产业链的有序发展。

（2）加深政企合作，推动可信数字身份应用试点

加深政府与大型互联网企业的合作，加快推进可信数字身份产业技术创新和生态建设，开发落地更多的可信数字身份示范应用场景，带动可信数字身份产业集群发展。支持大型互联网企业建立网络实体行为大数据分析中心，在日常网络交易中开展试点，推动江苏全领域可信数字身份应用试点，助力可信数字身份在城市各个场景"一网通行"，为市民提供多样化的数字身份服务，打造可信数字身份应用示范省份。

（3）发挥行业协会作用，形成行业合力

充分发挥 FIDO 联盟、电子认证服务产业联盟、各地 CA 中心、大数据产业联盟等在政府和企业之间的桥梁作用，因地制宜地探索可信身份认证服务新模式，组织相关专业和产业开展可信身份认证标准制定和共性技术研究。积极探索和推动生物识别技术、PKI 等新兴技术的研发和联合应用，以及网络身份认证结果的互联互通，进一步开拓产业化应用和服务市场。打造行业展示、交流、协同平台，推动《电子签名法》《网络安全法》《密码法》等法津法规的宣贯和落地，为行业发展创造良好的市场环境。

3. 构建安全规范服务体系

（1）完善法律法规，加强隐私保护

制定关键技术上位法，对于人脸识别等网络身份认证技术研究、身份信息开发利用研究等，要立法规范其研究主体资格、责任和成果输出、应用。围绕人脸识别、移动支付、网络社交等涉及的个人隐私保护问题，尽快研究出台个人隐私保护法、数权法等相关法律，统筹分析经济发展、社会治理与隐私保护、伦理道德等多方面因素，严格规范身份数据等的保护要求及责任，加大产业政策强度及监督管理力度。

（2）建立集成服务，消除认证孤岛

对全省可信身份服务进行高度整合，从基础设施层、应用平台层、价

值创新层等维度建立互联协同的一体化基础平台。依托这一基础设施平台，提供跨身份域的用户身份认证和互认功能，消除认证孤岛。严格管控不同部门、领域的应用系统自行运作可信数字身份，保证各行各业之间通过标准规范、管理办法等实现全域身份服务的规范和统一。同时，要求各类互联网平台针对各类应用和身份服务进行完善的日志存储和证据保全，以备责任认定，实现全网行为取证，为网络治理升级提供技术支撑。

（3）强化公众意识，促进产业健康发展

加强个人隐私保护、网络身份管理和身份信息应用等相关法律规范的宣传，逐步建立行业规则，要求相关平台服务商在收集人脸识别、语音识别等敏感性个人隐私数据时提示个人隐私数据安全风险。电商平台、社交平台和短视频等自媒体平台应在相关交互场景中嵌入身份信息和隐私数据保护提醒，提高公众对各类涉及个人敏感数据身份应用的警惕性。围绕个人隐私保护和可信身份服务等，形成可靠的公共服务体系，建立个人和企业、社团身份及隐私数据保护维权援助机制，逐步搭建高效、便捷、低成本的投诉渠道和维权体系，切实维护网络秩序，营造身份信息和隐私保护、维权的社会共治新理念和新机制。

4.4.4 商业透明化

透明是数字经济的标签之一，未来数字商业将表现出四个特征：基础资源的数字化，广泛交互的在线化，以区块链技术构建交易关系，走向透明化的各种商业应用。企业要勇于突破，转型为透明企业，这意味着企业所有的资源都要数字化，所有的作业都要在线化，业务分工是算法定义且民主选择的。数智江苏建设要大力进行制度创新，依托制度优势发起建立透明商业。建议江苏推动建立以区块链技术应用为基础的商业协作体新规则，加入协作体的商业主体（从企业到家庭再到个人）的每个交易动作和协议关系全部由协作平台确认，而且不可更改、自动执行，实现自愿加入、规则共守的透明商业示范体。

在商业透明化方面，建议江苏采取以下具体措施。

1. 全面理解商业透明化的时代意义和产业前景

（1）透明商业是新商业文明的主要抓手

透明商业，是指在商业活动的全过程中（包括设计、采购、制造、交易、服务等）应用数字化的软、硬件技术，采集数据、记录状态，面向利益关系方即时呈现和反馈协同的新型商业形态。

透明商业有助于供应链的协作，有利于服务链和消费链的协同。真实、即时、透明，才能互信、互动和互助。透明商业有可能成为新商业文明的入口，对保护消费者权益、促进诚信经营、实施反垄断、促进生态经济、助力双循环等均有直接的促进作用。

（2）透明商业是新市场秩序的基础保障

透明商业要实现面向消费者的透明，包括产品设计、物料、工艺制程及物流过程全程可查、可视。这是个性化定制和用户参与生产的基础保障。透明商业也要实现面向监管者的透明，包括资质许可、环保达标、经营合规和质量监督等，只有实现生产和服务系统的透明，才能保障监管的精确和及时。

透明商业还要实现面向企业成员的透明，包括公司治理、建章立制、流程标准和绩效及分配，只有实现全部资源的数字化、所有作业的在线化，才能全员共建信任、无缝协作。

（3）透明商业的新实践主体是透明企业

透明企业是充分运用数字技术，实现业务全过程和管理全场景的数字化、在线化和智能化的企业。江苏经济基础雄厚，商业文化以诚信、勤勉为本，江苏企业完全有可能成为创建透明企业的领头兵和示范者。

透明企业创建应结合不同业态场景，推动小而美的最佳实践，如餐饮业的透明厨房、制造业的透明车间、建筑业的透明工地、教育业的透明课堂等。

支撑透明企业创建的是数字技术。透明商业将促进江苏软件信息服务企业进一步升级数据和算法服务能力，推动区块链技术的推广和应用，加快产业互联网和消费互联网的融合创新。

2. 透明商业需要政府倡导下的合力共建

透明商业是兼顾产业变革、企业创新和商业进化的综合性工程，需要政府规划引领，各界合力共建。

- 相关政府主管部门正式推出透明商业主题创建行动，成立透明商业促进工作组，发布透明商业专题建设规划。
- 江苏省数字经济商会等相关组织发出倡议，由首批领创企业共同发起，建立江苏省透明商业共同体，上线透明商业联盟线上平台，江苏企业及产业链和产业生态成员企业可以自愿加入。
- 相关商会、协会联合专业智库等推出透明商业指数，评价、认证和表彰相关透明企业、透明产品和透明服务等，每年发布透明商业主题报告（蓝皮书）。
- 举办透明商业创新节，促进透明商业的理论研究、实践创新、企业交流和产业发展。通过打造透明商业这一超级 IP，强化江苏作为透明商业首创者和引领者的地位，在数字经济浪潮中形成江苏的新动能和影响力。

4.4.5 安防融合化

随着 AI、IoT、云计算、大数据等新兴技术的发展和普及，安防产业向各行业延伸，越来越没有边界。在智能安防设备大量安装的基础上，海量的安防数据不断产生。

江苏正将数字发展和数智安防相结合，为融合发展赋能。江苏正在建设一体化数字采集系统、参数配置系统、运行监测系统和决策分析系统；

通过整合、集成各条口、各区域的经济和社会公共数据，打通各部门数据孤岛；建立全维系统模型，设置不同的要素参数、运营标准、效能分工等，形成底层操作系统；进行全域运营的动态监测，设定重大领域、关键过程和特殊节点，实现在线即时智能化监测和反馈；建立打通空间线、时间线和场景线的决策分析系统，以 EDA 为基础，运行"数字江苏"超级算法系统。

借助"数字江苏"超级算法系统，实现基于视联网技术的"互联网＋监管"非现场监管系统。围绕化工、冶金等重点行业，加快专项整治退出、改造提升和优化布局，提升行业绿色安全发展水平。实施园区循环化改造提升工程，鼓励开发区创建生态工业示范园区、循环化改造示范试点园区，支持国际合作生态园区建设。基于视联网工程完善网络执行查控机制，建成覆盖不动产、证券、股权、车辆、存款、金融理财、住房公积金、保险产品等主要财产形式及婚姻登记信息、社会保险缴纳信息的网络化、自动化执行查控体系，着力构建解决综合治理执行工作大格局，为建设"强富美高"新江苏营造良好的法治化安防环境。

在安防融合化方面，建议江苏采取以下具体措施。

1. 打造数字安防产业园

安全产业已成为部分产业园的产业主题，化工、能源、生物等产业园自身的安全管理和风险管控也逐步成为突出的需求。因此，在相关产业园的规划、建设和运营过程中，要积极推动数智技术在安防产业中的应用趋势研究、主场景应用建设、以园区为载体的安防产业生态打造同步谋划、同步实施。要加快发展以科学采集、安全储存、处理分析、智能加密为主的数据安全服务业，强化安全、自主、可控信息技术和产品的研发和行业应用，大力发展网络信息安全产品和服务，打造具有竞争优势的网络安全产业。

加强运行支撑软硬件平台和应用开发环境的研发应用，增强系统集成服务能力，推进 IoT 在数字安防、车联网、工业互联网、智慧城市等领域的示范应用，完善产业生态，打造数字安防产业集群。进一步抢抓窗口机遇，注重优势融合，优化产业布局，切实推动治理"金名片"、数字生态圈与安防产业链有效衔接、紧密协同。

加快数字安防产业园建设，以数字支撑安防产业转型，进一步健全完善数智安防产业园建设体制机制，全力引进核心人才，打造专业团队，升级服务生态，加快推进应用场景和招引项目建设，推动数智安防产业园早日建成投用，努力实现社会稳定与经济发展双赢。

2. 推进数字网络安全防护

（1）制定数据犯罪专项法律

进行预防数据犯罪专项立法，预防敏感数据信息泄露和篡改，严格落实数据泄露和篡改法律责任。

（2）建立网络安全防御基础平台

强化核心安全技术升级，优化数据资源共享，增强系统对接、标准认同，实现跨层级业务协同与数据共享，搭建一体化、综合性数据平台，增强智慧应用。推动建立政府主导、多方参与的可信安全服务平台，完善网络安全监测预警、网络舆情导控、应急指挥响应可视化、网络可信身份管理、网络溯源取证管理、工业控制系统安全监测与评估等功能。

（3）组织开展网络安全试点

形成一批具有示范效应和推广价值的行业性网络安全保障解决方案，加强数据知识产权保护，重视个人隐私与信息安全保护。加强公共服务领域重要信息系统安全保障，在管理体系、接入安全、通信安全、内容安全、应用安全、个人信息安全等方面力争形成一批标准和规范。完善安全体制机制，增强安全防护能力和自主可控能力，建成面向未来、先进适用、高效灵敏、安全可靠的网络安全保障体系。

（4）加强数据监管工作

设立数据监管部门，由其负责对其他主体储存、分类、使用数据的监管工作。妥善处理数据公开与公众隐私保护之间的利益，正确把握数据公开尺度。落实安全监管责任，优化安全管理规范，认真落实国家密码管理、云计算采购与网络安全审查等工作，提高数字安全防护能力。

3. 构建智能监测预警系统

重点打造以云计算、大数据、AI、IoT、移动互联网等技术为手段的数字社区、视联网建设工程，构建基于"一张网"的社会综合治理平台，面向社会治理新要求，使综治网格、应急指挥、治安管控等工作所需的数据资源形成"大综治＋网格化"的治理格局，加快 AI 关键技术转化应用，促进技术集成与创新模式，构建全天候、全流程、全覆盖的公共安全智能化监测预警系统与控制体系，秒级应对各类社会治理和城市管理问题，完成社会综合治理相关工作中"人、事、地、物、情、组织"等基础要素的采集、清洗、存储、分析、决策和展示，提升公共安防管理和服务水平，为实现社会综合治理的高效化和精细化提供基础保障。

4.4.6　生态全息化

数智经济的发展推动着万物互联的高速发展，为互联网与各种传感设备在生态文明建设领域发光发热创造了良好的应用环境。从公共交通、医疗服务的全息化到电力系统、物流系统的全息化，全息化建设的场景及维度正在不断地丰富和细化，全息时代正在到来。

党的十八大以来，生态文明建设作为"五位一体"总体布局的重要内容，在多个重要场合被反复提及。"万物互联"理念的提出，为生态文明建设提供了一个全新的建设思路——生态全息化。生态全息化的一个重要特点就是重视传感设备与互联网在加强自然资源统计调查和监测基础工作中的应用。依托全息化建设，生态文明建设中存在的问题，如信息的收集、污染实时监管等，将被快速高效地解决，这将有效地提升生态文明建设信息发布的及时性、准确性和全面性，为动态、精准挖掘生态全息化数据，提供多维、多视角的可视化结果提供巨大的支撑。良好的生态系统将是国内大循环和国内国际双循环强有力的保障，生态全息化将为美丽中国建设提供强大助力。

江苏省在生态全息化建设方面硕果累累。2021 年 9 月 22 日，生态环境部发布《关于第五批国家生态文明建设示范区和"绿水青山就是金山银山"实践创新基地拟命名名单的公示》，江苏省盐城市、南京市浦口区、苏州市吴江区、南通市通州区、苏州市常熟市位列"第五批国家生态文明建设示范区拟命名名单"。江苏省南通市崇川区、扬州市广陵区位列"第五批'绿水青山就是金山银山'实践创新基地拟命名名单"。为了实现《江苏省"十四五"生态环境保护规划》，展现美丽江苏新风貌，实现生态环境质量稳定改善、环境风险有效控制、碳排放强度和主要污染物排放总量持续下降等目标，江苏需要推动生态全息化进程，运用全息化带来的显著优势，从污染源头、监控测控、环境风险防控等角度入手，推动江苏省生态文明建设再上新台阶。

在生态全息化方面，建议江苏采取以下具体措施。

1. 建立生态全息化开放平台

（1）生态全息化数据采集

全省建立统一的生态全息化建设统计制度，由专业机构调研定义生态全息化的概念范畴和外延范围，研究确定生态全息化数据的技术规范与统计标准，通过传感设备与互联网的应用加强自然资源统计调查和监测基础工作，搜集、整理、加工自然资源、生态环境、生态经济、生态社会等相关全息化数据，建立生态全息化基础数据库，促进生态文明建设信息归集、交换和共享。

（2）生态全息化数据存储和处理

依托现代数据存储与处理分析技术，构建生态全息化数据存储与处理分析平台，实现生态全息化数据的查询、更新、维护、备份等功能；规划编制生态全息化数据目录、地图，明确元数据和主数据格式，优化数据录入方式，各个采录节点、采录主体以标准、统一的方式存储、管理数据。建立生态全息化数据专属数仓，部署产业级的专属云，方便合规访问及数据搜索和存取。

（3）生态全息化数据分析和挖掘

加大资金投入，培养生态环境大数据、生态信息学和环境信息学等方面的复合型人才，实现生态环境综合决策管理的敏捷化和协同化，促进生态环境全息化服务实现多元化和个性化；借助算法库、模型库、云计算、AI、知识库，对生态全息化数据进行深度挖掘、认知计算、关联分析、趋势分析、空间分析等各类信息挖掘，实现数据与模型的融合，挖掘隐藏在海量数据背后的各种信息，提供可视化结果分析。

2. 完善生态全息化信息共享机制

（1）保证生态信息发布、及时、准确、全面

规范生态信息发布内容和发布流程，明确发布主体权限和渠道等。生态信息包括环境状态信息、环境保护信息和环境治理信息等。对于信息发布，既要保持传统形式的官方定时发布，也要实现在线化的实时发布。要设置生态系统全维要素，以不同形式提供生态化全量数据。

（2）完善生态信息公开的法律法规

结合生态化建设进程，研究制定符合江苏省情的生态信息发布和共享法律规范，确定信息公开和共享的对象、范围和边界，提升生态全息化数据公开和共享的质量和水平，在合规的前提下满足公众的生态知情和生态共建需求，保证在生态全息化数据公开和共享过程中有法可依、违法必究。

（3）推动生态数据平台互联对接

建立生态全息化互动交流平台，消除信息孤岛，推进各层级、各部门间的数据整合和数据共享。

推动生态文明建设全息化数据与农业农村全息化数据、工业和新兴产业全息化数据及医疗健康和交通旅游服务全息化数据等的对接，探索各相关部门数据融合和协同创新应用，实现现代农业可持续发展、减少工业污染及碳排放、流行性疾病预防、重点景区生态环境保护、风险预警等。促进各层级的互联互通，以基础平台为依托，明确生态文明建设全息化数据的采集范围，避免基础设施的重复建设与全息化数据的重复收集，建立省部级和地方级的联动数据中心，制定全息化数据共享服务协调机制，形成一个覆盖范围广、数据价值密度高的共享网络。

05

第 5 章

全面部署系统协同，
全域保障形成合力

实现"数字江苏"发展战略目标，完成"数字江苏"建设主要任务，需要把握国际数字经济发展潮流，尊重数字经济发展规律，结合江苏发展势态和省情特点，从组织、制度、人才、资本和认知等多方面积极研究部署，出台强而有力、实而有效的保障措施。

5.1 组织保障：强化顶层设计，运用数字技术

"数字江苏"建设需要坚强的组织保障。这种组织保障应该是全系统、全领域、全层级的，并且覆盖全场景。建议江苏在组织保障方面采取以下措施。

5.1.1 决策领导的顶层设计要在全国出位

建议江苏设立数字经济委员会（以下简称"数委会"），在江苏省委领导下，统筹决策和综合协调"数字江苏"建设。数委会由省委、省政府领导及省发改委、省工信委、省科技厅等相关部门领导组成，并设置来自学界、业界和独立第三方机构的独立委员。

5.1.2 分层协同的组织体系要全域渗透

建议江苏建立"数字江苏"全系统、全领域、全层级组织体系。第一，在各市、区、局、处等设置政府层面的首席数字官，由同级领导班子成员担任，牵头负责本辖区内数字经济的规划、建设和发展。第二，鼓励设立各市、区和各行业的数字经济商会、协会和学会，为区域和行业数字化建设打造企业服务平台。第三，支持产、学、研结合，设立数字产业研究院、数字技术研究中心等研究服务平台。第四，支持各地兴办或在原有基础上升级数字经济主题产业园等孵化、加速平台。第五，鼓励中小企业设置企业层面的首席数字官，提升企业内数字化规划、建设、运营水平。

5.1.3　整体运作的模型机制要数字赋能

在"数字江苏"建设的组织过程中，要注重数字技术的深入、广泛应用，要规划、建设"数字江苏"涉及的一体化数字采集系统、参数配置系统、运行监测系统和决策分析系统。首先，整合、集成各条口、各区域的经济和社会公共数据，打通各部门数据孤岛。其次，建立江苏经济社会发展的全维系统模型，设置不同的要素参数、运营标准、效能分工等，形成江苏经济的底层操作系统。再次，实现全域运营的动态监测，设定重大领域、关键过程和特殊节点，实现在线即时智能化监测和反馈。最后，建立打通空间线、时间线和场景线的决策分析系统，以 EDA 为基础，运行"数字江苏"超级算法系统；算法覆盖省级战略目标体系和各区域、产业、企业、居民等经济文化目标体系，形成基础模型叠加应用模型的超级算法库，并以"混合云 + 微服务"方式部署。

特别重要的是，以上决策分析支持平台不能仅面向政府部门，还要面向公众提供开放式服务，包括各行业的商会、协会、市场研究机构及不同所有制的企业和居民。

5.2　人才保障：定义新型人才，培育骨干人才

推进"数字江苏"建设，关键靠人才。各地发展数字经济的竞争，其核心是数字化人才的竞争。江苏要发挥传统人才大省的优势，通过广泛识别、吸引、培育和聚集数字时代人才，成为新型人才大省。建议江苏在人才保障方面采取以下措施。

5.2.1　定义数字化人才新标准

数字化人才是形成了数字理念，掌握了数字技术，能为数字社会、数字经济和数字生活的建设和发展作出贡献的人才。建议江苏定义数字化人

才新标准，包括数字化人才的内涵和外延。

数字化人才包括数字化技术人才（如数据工程师、算法工程师等）、数字化管理人才（如系统规划师、项目管理师）、数字化运营人才（如平台架构师、商业策略师）和数字化战略人才（如首席数字官、数字化总监）。此外，还需要数字化教育人才（如专家、讲师）和数字化基础人才（如代码员、标签工）。

建议江苏出台数字化人才专项文件，定义人才标准，规划人才开发工作，激励人才的招引和培育成果。

5.2.2 优化数字化招才新模式

要想聚集数字化人才，就要进行全球招引。建议江苏编绘数字化人才地图，推出数字化人才招引政策。

一是推行数字化人才举荐。比照"千人计划"，推出"万人计划"，分不同领域、不同层次，广泛招引数字化人才；实行举荐人和受荐人共同奖励政策；开展江苏标准的数字化人才认证，让他们享受相应的"特权"。

二是培育数字化人才集群。特定领域的人才习惯于生态化聚集，因此要规划和建设数字化人才线上社群和线下社区，实现线上人才互动区块化、线下人才服务网络化。

5.2.3 创新数字化育才新机制

聚集数字化人才资源的长效措施是培育。只有充分发挥江苏基础教育和高校教育的传统优势，寻求教育模式、机制的突破，才能在新的数字教育赛道中脱颖而出。建议江苏采取如下具体措施。

一是推行透明学院模式。对于高等教育，从学生入学开始，就将其专业成绩、实践成果和关系人评价等数据上链；同时，用工企业开放实习岗位和作业，学生的实习表现同样记录上链。学生、学校和企业形成透明人才协作链。这样做有几个方面的好处：第一，人才培育从一开始就与用工方协同进行，避免毕业时"见光死"；第二，人才能力评价更完整、清晰，不再仅凭一份简历来"猜谜"；第三，学校教育真正面向市场，教学得失随时受用人方检验。

二是设立数字经济大学。建议江苏在全国率先设立数字经济大学，也可以在有条件的学校基础上更名改建，如南京邮电大学或南京信息工程大学等；将数字经济大学建成数字经济方面专业门类最全、产学研能力最强、学生规模最大的高等学府；同时，要以新模式、新机制和新文化办学。

三是创新数字化专业建设。建议江苏在省内各高校和职业院校推行数字化知识筑底工程和数字化技术创新工程；组织专家率先编写数字经济学教材，将该学科作为新的基础学科推广；组织业界开发数字技术、数字商业、数字管理、数字政府、数字文化等专业基础性课程。

5.3　投资保障：激活投资主体，创新资本市场

"数字江苏"建设需要以新投资促进新经济发展。要想打破供给与需求原有平衡态，建立新的平衡态，就要以新的增量投资来拉动。增量投资的来源，一是政府，二是企业，三是金融投资机构，四是居民。建议江苏在投资保障方面采取以下措施。

5.3.1　投资方向：从旧产能转向新产能

区分新旧产能有三个标准。一是网络化程度，未能接入网络或联网程度很低的为旧产能。二是数字化程度，相关数据、信息、知识仍以传统形态存在和应用的为旧产能。三是 AI 应用水平，生产仍依赖大量劳动力且决策仍依赖经验的为旧产能。政策性资金、政策性让利等应该全部集中于新产能。

投资应明确主导性的产业方向，如数据市场和算法市场；突出关键产业升级环节，如钢铁业的优特钢工艺、软件业中的使能平台研发、食品产

业中的品质保障等。

5.3.2 投资主体：从PGC到UGC

在内容创作领域，有 PGC 和 UGC[①] 之分。资本投资领域也是如此。过去，国有投资平台、金融投资机构是主体，类似于 PGC 模式，而企业投资和公众投资类似于 UGC 模式。

在促进企业投资方面，一要抓新龙头企业的生态化构建，使产业生态中的投资具备成长性和抗风险能力；二要重新放开基金设立和管理公司的审批，繁荣融资投资服务市场。

在促进居民投资方面，要重新研究、规范和放开社会互助式借贷市场，实现对过去 P2P 模式的扬弃和出新；以"限高""垫底""强过程"的思路，建设社会化借贷新平台。"限高"的具体措施如融资利率不得高于同期法定利率的 2 倍；"垫底"的具体措施如全部融资由政府指定的第三方托管；"强过程"的具体措施如借鉴滴滴出行的安全监管模式，在借贷发生时、过程中及清结兑现等环节实现全过程在线化，并设定相应的智能预警。

5.3.3 资产市场：加快证券化实验

资产证券化分为两步，第一步是经营性资产的数字化，第二步是数字化资产的证券化。

经营性的资产可以通过数字技术的改造（加载传感器、接入网络、采集数据等）实现资产属性的数字化。资产数据包括属性数据和效用数据。前者包括所有者、采购成本、出厂信息、功能、位置等，后者包括加工运行数据、性能状态数据等。当资产以数据形态存在时，资产的效用就可以被记录和运算，以资产的营收数据为依据，即可计算出相应的信贷额度。

---

① PGC 为 Professional Generated Content 的缩写词，意为专家生成内容；UGC 为 User Generated Content 的缩写词，意为用户生成内容。

江苏可以在南京试点资产数字化一体化平台的基础上，开发上线资产数字化使能平台，让协议接入的企业可以直接为接入设备或其他资产建立数字化形态，并得到相应的信贷预估。在第一阶段，可以在同一行业或关联领域的相关企业试点；同时，可以将其作为国有资产改革试点，先行建立国有资产数字化使能平台。

实现资产的数字化之后，可以更进一步，推动资产的证券化。目前，资产证券化仅在房地产开发中做过尝试。江苏应大胆突破，考虑对关键产业领域核心资产和区域经济特殊资源进行资产证券化试点。具体的操作方式是：首先，定义核心资产和特殊资源；其次，将相关资产数字化；再次，基于经评审认可的价值模型动态计算标的投资价值，形成交易参考数；最后，资产证券化交易可以在省、市两级资产交易平台进行，相关平台应具备资产数据采集、数字确权、数字估值、数字交易等能力。

5.4　政策保障：推动思想解放，大胆创新制度

"数字江苏"建设要发挥制度优势。制度优势既在于发挥党领导一切、社会经济整体一盘棋等基本优势，也在于审时度势、敢为人先的制度创新。为了使江苏在全国各省市数字化创新赛道中脱颖而出，建议江苏下大决心推行以下四项制度创新。

5.4.1　数据产权超级计划

数据确权和数据产权保护是数字经济发展中的一个关键瓶颈。现有的思路是延续传统的产权理念和法制原则，这种努力无异于给汽车套上原本给马用的缰绳。数据本质上产生于连接，只能在共享中产生价值。传统的产权产生于不动产或实体资产的确权和保护，那些资产是独立存在且可以单独消费的。后来的知识产权已经发生了质变，但由于沿用了传统的产权模式，导致知识产权的分享和应用被大大限制。数字经济的本质是范围经

济、共享经济，边际效应不会递减，反而会溢出或递增。因此，要鼓励数据的分享和应用，保护合法权益不受侵害。

建议江苏重点推进两项工程：一是以政府力量广泛推动江苏市场的网络知识产权共享协议应用，改变其目前仍是民间小众应用的局面，实现江苏版的"知识共享计划"；二是重点关注和扶助联邦学习，争取成为相关计划的发起者、倡导者和最早的应用市场，争取让全省的主要产业平台都成为这一标准的标杆应用，同时发展一批联邦学习的专业服务机构，争取成为这一标准的国际办公机构所在地和国际年会常设举办地。

联邦学习

联邦学习（Federated Learning）又称联合学习、联盟学习。联邦学习是一个机器学习框架，能有效地帮助多个机构在满足用户隐私保护、数据安全和政府法规等要求的前提下，进行数据使用和机器学习建模。在联邦机制下，各参与者的身份和地位相同，可建立共享数据策略。由于数据不发生转移，因此不会泄露用户隐私或影响数据规范。

联邦学习是由我国科学家和国际同行同步发起的，能够解决数据隐私保护与数据开放这一重大矛盾的最新解决方案。它从技术上实现了数据"可用不可见"。目前，联邦学习正由中外科学家联手推动，准备升级为国际标准。

5.4.2 数字货币超级市场

建议江苏进行全省部署，推进数字货币的市场化应用。首先，政府预算、政策专项等全部以 DCEP 的形式下达和流转。其次，与央行合作，研究数字货币与产业链金融创新的突破口。再次，推出数字货币"苏货"超级市场，全部以数字货币支付结算。最后，尽快规划、促进发展一批围绕数字货币的领军型生态企业，如数字钱包开发运维商、支付场景设施提供商、数字货币金融服务商等。

5.4.3　智能合约超级公链

建议江苏发起建立透明商业。政府推动建立以区块链技术应用为基础的商业协作体新规则，加入协作体的商业主体（从企业到家庭再到个人）的每个交易动作和协议关系都由协作平台确认，而且不可更改、自动执行，实现自愿加入、规则共守的透明商业示范体。建议选择某个产业（如南京江北新区集成电路产业或桂花鸭等食品产业），以产业链协作体为基础进行试点，在应用系统相对成熟后向上下游和周边扩展。

5.4.4　家庭法人超级实验

建议江苏实施"家庭法人化"。家庭经婚姻登记和财产确权后，即被视为独立的民事行为主体，也就是经济行为主体，拥有与公司（企业法人）一样的经济合同订立、履约和收益资格。这一制度创新可以实现全民就业（创业），全面激活以家庭为主体的新经济形态。建议选择经济欠发达但民众创业意愿较强烈的地市（如宿迁市）进行改革试点，充分发挥类似当年小岗村的改革效果。

5.5　认知保障：普及数字教育，提升数字素养

江苏对数字经济的认知相对滞后。从相关政策的出台速度来看，江苏明显落后于北京、上海、广东、浙江、山东、福建、贵州等地。从社会公众层面来看，无论是公务员、企业领导还是民众，整体上对数字经济知之甚少。公众仅把数字化当成工具或手段，认为其只是经济发展中的可选项之一。许多企业领导还以为只有信息技术行业才需要数字化，或者认为数字经济仍处于萌芽阶段，要等等再看。因此，江苏要把建立数字认知、提

升数字素养作为社会教育的基础工程来抓。建议江苏在认知保障方面采取以下措施。

5.5.1 覆盖整体，全面升级认知

升级对数字化的认知应该是全社会的目标和任务，包括政府、企业、社团和居民。面对不同的对象，数字认知升级的主体内容和服务载体可以各不相同（见表 5-1）。

表 5-1 不同对象数字认知升级的主体内容和服务载体

对象	主体内容	服务载体
政府	"数字江苏"、数字化政务	学习强国
企业	数字化经营、管理及数字化领导力	市场平台
社团	数字社会、数字服务	社团组织
学生	数字时代、数字专业	学校
其他居民	数字素养	公共平台

5.5.2 追求实效，推动教育方式多元化

数字认知升级最好在"十四五"前两年初步完成。为此，需要科学规划和合理部署相关宣教工作，整体上分为教育、培训和传播三类：教育活动涉及政府系统和学校教育系统，培训活动包括公益化培训、公共类培训和市场化培训，传播包括各类面向社会受众的公共宣传（见表 5-2）。

表 5-2 数字教育方式多元化

类型	主体工作	渠道
教育	数字化主题中心组学习活动	机关、事业单位
	数字时代思想解放大讨论	
	数字化基本原理	高等院校
	数字化专业设置	
	数字化基础知识	中小学

（续表）

类型	主体工作	渠道
培训	数字化共识行动	公共机构
	数字化伙伴行动	市场机构
传播	数字文化—数字联播超级频道	公共媒体
	数字生活—数字我苏超级助手	市场媒体

5.5.3　提升素质，繁荣数字文化

组织相关力量开发、编写市民数字素养标准，大力促进江苏数字文化建设。数字文化包括数字社会共识、数字公民素养、数字生活规则等。全新的数字文化建设包括健全上层的数字化治理、中层的数字化协同、基层的数字化应用，要突出共建、共治、共享、共有的新经济生态和新社群模式。

06

第 6 章

生态实践案例

案例1 徐工集团工程机械股份有限公司：发力数字化，打造智能化新业态

1. 业务结构

（1）企业主业

1989年，徐工集团工程机械股份有限公司（以下简称"徐工"）成立，目前已成为国内工程机械行业的排头兵，其工程机械行业主营业务收入在国内排名前三。在工程机械行业，徐工是国内标准的开发者与制定者，制造体系完整，产品创新能力国内领先。其业务范围广泛，为客户提供全面的系统化解决方案，产品包括工程起重机械、铲土运输机械、压实机械、路面机械、混凝土机械、消防机械及其他工程机械。其中，70%的产品达到国内领先水平，10%的产品达到国际先进水平。多项零部件产品国内市场占有率第一，包括汽车起重机、随车起重机、压路机、沥青混凝土摊铺机、平地机、冷铣刨机、举高喷射消防车等。在工程机械行业中，徐工以规模最大、产品品种与系列最齐全、最具竞争力和影响力而闻名。徐工是我国工程机械产业引领者，连续32年保持国内工程机械行业第一的位置。从全球工程机械行业排名来看，徐工居于第四位，是唯一连续进入世界前十强的中国企业。

（2）数字业务

徐工坚持以客户满意为标准，围绕营销服务环节，通过平台融合不断破解数字化备件服务难题。在2020年11月24日的上海宝马展上，徐工发布了全球数字化备件服务信息系统（X-GSS），这是徐工的全新探索，旨在为全球提供一个精准、增值、令客户满意的数字产品。截至目前，该系统已提供数字产品25万余份，横跨2 500种产品，直接面向全球用户发布一站式数字服务，帮助中下游企业客户提升备件服务满意度，通过数字产品深挖价值，打造营销服务新模式。

近年来，徐工攻坚克难，聚焦关键环节，在研发工艺、生产制造、供应链环节集中优势，取得瞩目成效。在研发工艺环节，徐工实现了三维设计、三维工艺、制造过程仿真等三大技术平台的突破，打通了研发到生产环节的数据共享。在生产制造环节，徐工集成了高级计划与排程系统、MES、IoT、质量管理系统这四个平台，并实现了四个平台与编程工具的集成，智能工厂的中枢作用得以充分发挥。在供应链环节，徐工着力打造面向全球供应商的一站式供应商协同平台，发挥成本优势，支持"同盟军"队伍建设。同时，徐工不断探索 5G、工业大数据、AI 等技术的应用场景，以有力支撑数字化转型。

（3）发展目标

我国正在大力发展基础设施建设，工程机械作为基础设施建设的重要设备，迎来了巨大的发展机遇，工程机械产业的发展态势也是我国经济发展态势的缩影。2018 年，徐工修订"十三五"战略规划，进入了全面启动数字化转型的新阶段。徐工全力推动"三高一可"发展，旨在从传统实物资产管理转向数据资产管理，形成徐工专有数据资产目录，为客户提供数字产品。作为工程机械行业的龙头企业，徐工抓机遇、求创新，在复杂工业场景下将数字化转型作为促进企业研发数字化、制造智能化、服务数字化等创新突破的高效工具，为实现从"三有一可"到"三高一可"，即从"有质量、有效益、有规模、可持续"到"高质量、高效率、高效益、可持续"发展，提供了坚实的基础。徐工作为装备制造国之重器，着眼"十四五"规划和公司长远发展，围绕"战略—优势—能力"主线，推进数字赋能、智能升级，挖掘数字化转型内涵，将其作为企业高质量发展的核心战略之一，推动工程机械主业高质量发展，全面落实"珠峰登顶、进军世界 500 强"战略目标，争取为民族工业的振兴作出更大的贡献。

2.面临的挑战

（1）生产力挑战

放眼全球，国外工程机械的研发和技术创新水平在不断攀升，新型工程机械技术成果在不断推进产业进步，先进装备业、新型工程机械技术依然处于领先地位。当前，徐工虽相对于国内同行而言拥有比较先进的技术与设备，但其核心技术研究开发能力相较于全球领头企业依然较为薄弱，独立自主开发能力在一定程度上受到外方技术的制约，这是徐工进入国际市场的障碍。

作为基建强国，我国工程机械市场容量大、发展机遇多、市场品牌多，无论是自主品牌还是外商独资或中外合资品牌，都有巨大的生存空间和比较优势。尽管自主品牌的核心竞争优势并不突出，但坚持自主发展依然是国内企业的明确战略。随着国内企业在国际市场的不断突破，国内市场需求可向国际需求转化，这在一定程度上可提升本土工程机械企业的国际竞争力。

（2）商业模式挑战

从供应链视角来看，企业的品牌竞争力也可借助合作渠道提升，合作渠道的营销影响力能让企业的品牌竞争优势转变为渠道竞争优势。但现状是，徐工仍然依赖于传统的线下渠道。随着市场竞争的不断加剧，市场竞争环境的日益复杂，徐工应不断拓展营销渠道，构建科学的营销渠道。徐工要充分利用自己的私域网络资源进行产品宣传，并积极尝试社交媒体营销，如微信和微博社交平台的网络推广，进一步优化和拓宽合作渠道。

产品定价是影响消费者购买欲望的重要因素之一，但徐工的产品定价策略不够科学，利润空间不足，容易陷入价格竞争泥潭。事实上，由于在行业的技术领先地位，徐工现阶段的产品价格应当结合产品的竞争优势来定，科学的价格策略既可以增加利润空间，又可以摆脱价格战，有助于公司实现高质量持续发展。

（3）管理系统挑战

智能制造是国家大力扶持的产业，智能化管理系统因其在流程智能化、研发加工方案等方面的优势，有助于简化复杂的管理流程，实现数据共享，提升设备的生产效率和企业管理效率。因此，完善的信息管理制度对推进工程机械技术智能化与信息化具有重要意义。

徐工应当加强运营方面的有效管理，以客户为中心，拓展电子商务平台，打通供应链环节，贯穿供应商、制造商、渠道商及最终客户，畅通电商平台与企业管理系统的数据互联，构建一个具有创新生态的电子商务生态圈，为生态圈各参与主体提供优质的增值服务，为产品的定制化服务奠定扎实的信息基础，助力创新价值的实现。

3. 数智战略

（1）战略制定

一是紧密围绕徐工"十四五"数字化战略规划，系统推进数字化战略，全力打造智慧徐工，全面普及数字思维。在徐工"十四五"数字化战略规划中，核心举措为"8 大方向、12 项能力、42 个重点专项"。"8 大方向"指研发智能化、制造智能化、供应链智能化、服务智能化、管理智能化、大数据运营、信息技术研究和数字化产业，"12 项能力"聚焦新一代信息技术与企业全价值链深度融合，"42 个重点专项"为上述 8 个方向、12 项能力的落地分解。

二是重点打造具有自主知识产权的汉云工业互联网平台，提升其赋能能力。该平台基于大数据、云计算，汇聚工业数据，提升工业企业数据分析能力，提供信息化服务，可助力工业企业实现实时、系统、全面的工业设备数据采集与分析；平台汇聚了供应链上的各类参与主体，包括咨询服务商、解决方案提供商、系统集成商等，帮助企业储备技术能力，实现供需对接和能力交易，跨行业为工业赋能。

三是创新人才培育机制，依托徐工建设工业互联网产业学院，为行业发展提供人才支撑。徐工汉云联动产、学、研、用各方力量，从全国遴选出一批优质院校作为试点，协同探索工业互联网专项人才路径，打造集教学、人才培养、现场实训、赛事组织等功能于一体的徐工汉云工业互联网产业学院，为制造企业、平台企业输送高质量的工业互联网人才。

四是着力顶层设计，打造独具徐工特色的"智造4.0"模式。徐工总结多年耕耘数字化建设的经验，结合工程机械"多品种、小批量"高度离散制造的行业属性，凭借"质量、效益、竞争力"的务实文化，打造独具特色的徐工"智造4.0"模式。

（2）支撑部署

为疏通外部引才通道，强化校企合作，徐工开展联合培养、共同帮带、产教结合、工学交替的产学研一体化外部引才工作，打造智能化建设领域人才队伍。2021年7月，徐工与中国矿业大学推出"力行计划"，以企业智能制造为创新主体，通过与合作院校深度合作，采用"产、学、研、赛、创"五维一体联合培养模式，引进综合素质高、理论知识过硬、技能精湛娴熟的创新型蓝领技能人才队伍，满足企业高质量快速发展需求。

为建设研发设计数字化体系，徐工打造了集设计、仿真试验、数据管理与分析、研发知识管理和机制管理于一体化的平台体系，包括研发协同平台、仿真数据管理平台、整机与核心零部件实验数据管理系统、研发数据集成管理平台。徐工自行研发了MES系统，该系统集成智能制造，包括生产管理、计划管理、物流管理、设备管理、库存管理、产品档案共六大模块，该系统已在全集团推广实施。徐工基于MES系统打造了制造过程信息化平台。在营销方面，徐工坚持以客户满意为中心，围绕营销服务环节，通过融合X-GSS、客户关系管理（Customer Relationship Management，CRM）、IoT三大平台，不断破解数字化备件服务的难题。

4. 数智实践

（1）实践阶段

徐工的数字化发展历程可分为三个阶段。

第一个阶段为基础业务数据化，体现为"见事早、定位准"。这个阶段的重点工作作为企业基础信息化，是徐工两化融合的探索实践阶段。徐工的信息化探索在全国制造产业处于领先地位，1998 年之前，徐工就已是国内第一批完成"甩图版"工程的企业；1998—2007 年，徐工率先在业内实施企业资源计划（Enterprise Resource Planning，ERP）系统，是国内首批上线制造资源计划（Manufacturing Resource Planning，MRPII）系统的企业，其计算机集成制造系统也是行业佼佼者，位列国内信息化 500 强。2008—2013年是徐工探索两化深度融合阶段，徐工着力打造信息基础设施，重点推进企业价值链业务的电子化、信息化。

第二个阶段是数据业务化。2014—2017 年，徐工数据业务化的重点为"融合深、产业新"，主要体现在数据驱动业务、数据驱动制造，这一阶段是徐工两化融合成果显现阶段。徐工重视顶层设计，制定《徐工集团互联网＋融合行动方案》《徐工集团智能制造实施方案（2017—2020）》，形成了数据业务化的总体框架。第二阶段，徐工获得多项企业信息化领域荣誉，包括获评国家工业和互联网融合示范试点企业、互联网与工业融合创新示范企业、国家两化融合管理体系贯标示范等。徐工通过工业 IoT、设备联网数据采集、智能研发、智能制造等新一代数字技术应用，紧紧围绕全价值链数据采集、使数据成为业务的一个重要环节并驱动业务和流程，构架了数据业务化的框架体系。

第三阶段是基于大数据的数据资产化，表现为"步伐快、质量高"。2018 年后，徐工全面开启数字化转型，以智能制造为主攻方向，全力推动公司由"三有一可"向"三高一可"发展。一是打造智能产品与提升智能施工能力；二是推进智造升级，充分融合 5G 的丰富场景，打造智能制造标杆工厂；三是开展智能化服务，提供数字产品。从战略方向上看，主要体现在充分融合新一代信息技术，构建基于工业互联网平台的徐工智能制造新模式。在战略举措上，以加速智能制造升级为主攻方向，推出打造智能化企业的重大战略举措。徐工从传统实物资产管理转向数据资产管理，形成了徐工专有数据资产目录，开始为客户提供数字产品，这是徐工两化融合的深度发展阶段。IoT数据已经成为徐工每个分公司和子公司的重要数据资产，徐工已积累了80多万个产品的市场大数据。例如，徐工面向全球客户发布的 X-GSS 在向客户提供实物产品同时，还同步提供相应的数字产品。此外，围绕数据资产化，徐工还开展了数据资产治理、数据安全、数据价值评估等工作。

（2）实践成果

在智能制造实践领域，徐工已经实现了"三降两提升"，运营成本降低了24%，产品研制周期缩短了30%，一次交验不合格率降低了20%，生产效率提升了25%，能源利用率提升了10%。此外，生产计划协同时间由原来的2天缩短为40分钟，财务结账时间也由原来的10天缩短为1天。

2021年发布的中英两国全球工程机械50强榜单显示，徐工以151.59亿美元的销售额跃升为全球第三，成为榜上前三名中唯一的一家中国制造企业。近年来，徐工着力推动制造业和数字经济深度融合，打造徐工工业云平台，重构全球产业链。通过深度融合精益制造，徐工建成了多条拥有自主知识产权的智能生产线，打造了全球首条起重机转台结构件智能生产线，建设了工程机械行业首个"多接入边缘计算+5G独立组网"的全价值链工厂。此外，徐工紧盯技术创新与国际化，强力推动数字化、智能化、无人化转型升级，发布 X-GSS，为全球提供精准、增值、令客户满意的维护支持服务。迄今，X-GSS 已提供数字产品25万余份，涵盖2500余种产品，面向全球用户提供一站式数字服务，帮助中下游企业客户提升备件服务满意度，通过数字产品深挖价值，打造营销服务新模式。

从社会化效果来看，徐工着力研发，突破关键制造工艺，自主研发核心制造装备，首创智能重载物流技术与 10 台焊接机器人联动，1 人 10 机，焊接过程全自动完成，无需人员干预。徐工的创新实践和成果对行业及上下游企业发挥了引领示范作用，其在数字化转型方面的工作也受到了工信部、江苏省及社会各界的高度认可。徐工先后获得我国工业领域最高奖中国工业大奖及国家高端工程机械智能制造重点实验室等荣誉。

5. 复盘

（1）主要经验

企业各级领导的共识是全面推进两化融合的强大引擎。两化融合既是战略工具，也是战术工具。徐工董事长王民亲自挂帅推进两化融合，各级领导达成高度共识，每月例会推进信息化项目，积极推动了徐工两化融合进程。

数据要全产业链流动。大数据已经成为企业的关键生产要素，徐工发力工业互联网，使数据能够全产业链无障碍传输。近两年，徐工根据客户的订单大数据制订柔性生产计划，把生产数据发给生产全流程，让分散在海内外的合作伙伴步调一致、协作生产。徐工通过虚拟设计拟真实验数据，指导创新产品的设计和生产，有效地升级了制造工艺，大大节约了人力成本和时间成本，产品也在提档升级。

服务质量的提升是制造业高质量发展的关键，也是智能制造的价值体现。徐工大力推进现代服务业，开阔视野，持续为全球提供令客户满意、高效、全生命周期的服务，并持续推进自身的技术创新和管理创新。徐工有效借助数字技术，发力服务型制造，不断推出新的智能产品，提升客户体验。徐工在产品远程运维的增值服务领域也持续出新，其智能化服务能力不断提升，相关业务已成为徐工智造转型的新引擎。

（2）重要教训

第一，数字化人才培养需要加强。即使投身智能制造热情高涨，徐工也难免和其他老牌企业一样面临最大的困难——人才难求更难留。工程机械行业数字化转型急需掌握数字技术的复合型人才，但复合型人才的市场供给无法满足企业的现有需求，既有业务经验又精通信息技术的复合型人才少之又少。徐工一方面要拓宽视野，争取获得人才的青睐，另一方面要创新激励机制，更好地留住人才，例如，给核心骨干员工股份，推出各种激励和奖励政策。徐工要积极推进自主人才培养模式，大力推进工业互联网产业学院建设，主动探索产教融合的实践模式，为全产业链（包括自身、平台企业、合作伙伴等）持续输送高质量的复合型人才。

第二，要推进信息化整体提升工程，实现智慧徐工向更高水平跃进。从整体上看，徐工机械产业集群还处于发展阶段，管理机制尚未理顺，产业链生态优势尚不明显，产业布局有待调整，工程机械生产及配套企业之间分工协调有待进一步发展。徐工应加强顶层设计，进一步理顺管理机制，加强信息化总体规划，关注信息技术的最新进展，大力推进信息技术应用，在管理流程与产品数字化创新上占得先机，构筑动态竞争优势。

（3）生态启发

一是秉持生态圈理念及开放、共享、共建的理念，推进智能智造，构建智能制造发展生态。在徐工生态圈中，智造企业是主体。一方面，徐工应以核心节点身份出发，构建相关产业标准。例如，徐工应推进生态圈各参与主体的相关标准认证，依据《智能制造能力成熟度模型》和《智能制造能力成熟度评估方法》这两个国家标准，帮助参与企业开展智能制造能力成熟度认证。通过标准化认证，企业可通过自诊断和评估提高自身智能制造水平。另一方面，制造业产业链参与节点众多，如何保证在双赢的前提下提升产业链质量是上下游配套企业与核心制造商时刻关心的话题。制造业产业链的协同制造能力非常关键，关键企业要发挥能动作用，发挥智能制造标杆企业的示范引领作用，持续帮助和带动上下游企业共同提升智能制造水平，努力打造高质量发展的世界级装备制造品牌。

二是以人才创新支撑数智实践。数字化转型涉及跨领域的复杂系统，这要求人才从单一领域专才向多领域复合型人才转型。工程机械行业数字化转型带来了对数字化人才的需求，但市场供给不足。面对人才难求的问题，徐工一方面要调整体制机制，推出各种激励和奖励性政策，更好地培养人才、留住人才。另一方面，校企双方应当做到优势互补、资源共享、深度产教融合，共建现代产业学院，共搭教育新平台。作为龙头企业的徐工要强化技术能力储备，汇聚一批咨询服务商、解决方案提供商、系统集成商等，推动数字化转型生态建设。

三是数智化思维仍需提升。智造企业要树立与数智经济与时俱进的产品观、智造观、服务观、客户观，这是企业数智化转型的关键。徐工应加快突破核心智能技术，推进研发数智化、制造数智化和服务数智化，产出附带自主知识产权的高端数智产品，持续打造高品质的智能产品；加强数字化工艺研究，弥补智能制造实施短板；关注数据资产，积极推动数据资产转化，使数据资产成为驱动企业发展的新要素、新动能。

案例 2　南钢集团有限公司：产业链生态数智化转型

1. 业务结构

（1）企业主业

南京钢铁股份有限公司（以下简称"南钢"）的前身是南京钢铁厂，是我国特大型、江苏省重点钢铁企业。当前，南钢通过钢铁产业和新产业"双主业"相互赋能，构建复合产业链生态系统，在钢铁产业重点打造世界一流的中厚板精品基地和国内一流的特钢精品基地、复合材料基地等，着力拓展产业互联网、智能制造、能源环保、新型材料、产业链延伸等领域。南钢拥有宽中厚板（卷）、棒材、高速线材、钢带、异型钢共 5 类、近 300 个钢种、1 万余个品种规格的产品系列。

（2）数字业务

南钢通过"JIT+C2M"[1]模式向产业链协同迭代升级，构建以客户价值为中心、以需求为驱动的动态、协同、智能、可预测、可持续发展的产业链价值融合体系。南钢大力推进工业互联网平台建设，推进生产工艺的新技术应用，大力开展柔性化制造，响应市场需求，推出个性化定制服务。在"大智物云"时代，南钢加快智能制造进程，关注产业链生态，着力打造共创共赢的智慧生态圈，注重产业链生态圈各参与主体间的协同研发、协同设计、协同制造、协同服务，发挥龙头企业引领作用，实现产业链数字化升级、网络化协同、智能化敏捷响应，打造企业竞争优势和保持核心竞争力，促进产业链生态的可持续发展。同时，南钢将自身 ERP 与用户 ERP 互联，促进自身与上下游产业链企业之间的数据全面交互、流程串联，实现端到端的实时规划和服务。南钢还构建 GMS 产业互联平台，秉持商务互联、生产计划互动、IoT 搭建和联合技术研发理念，打造协同供应链体系。该平台以三大系统模块为核心应用，包括用户内部钢材管理一体化系统、用户云端系统及南钢云端系统，各主要系统提供对应的专业化支撑。

（3）发展目标

南钢以"创建国际一流、受尊重的企业智慧生命体"为企业愿景，构建"一体三元五驱动"战略体系。其中，"一体"是以金属新材料为本体，"三元"是能源环保、智能产业和"互联网+"，"五驱动"是以客户为导向、模式和技术创新、智能化、国际化和卓越绩效。南钢致力于打造创新驱动发展、数字化转型、新产业裂变这三条成长曲线。智能制造是主攻方向，在这个大方向指引下，南钢加快推动三化转型，即数字化、网络化、智能化转型，引领钢铁产业链企业协同化发展，打造数字化产业生态，争取成为钢铁产业互联头部企业。

---

[1] JIT 为 Just In Time 的缩写词，意为准时制；C2M 为 Customer to Manufacturer 的缩写词，意为用户直连制造商。

2016 年，南钢提出了智能制造的概念，并于 2018 年和 2019 年进一步提出了"一切业务数字化、一切数字业务化"的具体目标。时任董事长进一步提出了"绿色、智慧、高科技"的发展目标。

2. 面临的挑战

（1）生产力挑战

信息技术的发展日新月异，使得企业的技术创新能力成为市场竞争力的关键因素。南钢需要坚持创新驱动，依托新一代信息技术与关键装备、核心工业软件的集成创新，重点打造工业互联网平台和产业互联网平台，突破数字技术与钢铁制造工艺融合瓶颈，打造一批融合新兴技术的创新应用场景，抢占数字高科技的制高点。

南钢要加快数字化转型落地步伐，构建实时可靠、安全共享、智慧决策的内部智慧工厂；加快炼铁智慧集控中心建成落地，同步规划钢轧智慧集控中心和智慧调度中心的技术方案和项目建设节点，力争实现全工序智慧集控的全线贯通，并同步完成其他业务条线智慧化运营决策系统；强化数字产业品牌输出能力，构建跨界合作桥梁；加强平台输出服务能力，强化钢铁产业链拓展与延伸，提升智慧产业社会化服务能力，打造钢铁产业与外界双向合作赋能桥梁；重点关注国贸平台与钢宝平台在全球跨界电商和数据交易方面的课题研究，实现品牌出海。

（2）商业模式挑战

客户关心的销售链包含多个方面，包括营销、生产、财务、物流、质量、客户服务等，要想提高盈利水平，就要将这些方面有机结合起来，实现从提供产品向提供服务延伸，促进下游客户主动参与南钢产品的全生命周期管理。

在产业链合作方面，南钢要与供应商协同，基于工业互联网平台，向产业互联网平台输出，以终端客户需求为导向，从"在线""互动"向"智能"转变，向产业链各节点传输可赋能的技术能力、灵活的运营体系、深度的营销网络、高效的物流能力，打通供应链全流程，构建全面一体化，有机协同的价值网络体系。南钢已与上海外高桥、江南造船、扬州中远、招商局重工等龙头企业进行产业互联，实现了订单的风险预警、钢板紧急协调、精准扫尾等功能；打造了独具特色的工业品超市平台，整合具有南钢特色的供应链上下游资源，嫁接电子签章、在线客服、物流配送、支付等技术服务平台，实现了闲置资源的再利用，加快了在共享经济领域的探索与实践。

（3）管理系统挑战

在市场竞争加剧、用户需求日益个性化的背景下，企业开展数字化转型、探索新的商业模式已经成为高质量发展的必然选择。新兴产业的出现会在无形中给企业带来竞争压力，迫使企业通过改变运营模式来提高运行效率，从而提升竞争力。南钢要充分认识到数字化转型的必要性和紧迫性，下定决心走数字化转型之路，制定数字化发展愿景，建立数字文化和数字化转型组织，选择所属行业数字化转型的应用场景，不断推动新技术与业务融合，探索新的商业模式，创造新的数字产品和服务。

3. 数智战略

（1）战略制定

数据治理是数字化转型的基础。南钢通过开展数据治理工作构建清洁的工厂数据、透明的运营体系，构建企业的数据资产和服务体系，实现数据驱动业务；利用数字技术实现企业知识、经验、机理、数据模型的沉淀和积累，实现业务自动化、智能化；构建数据驱动的企业数据文化，创建企业数字基因与智慧大脑，支撑南钢智慧生命体的打造。同时，南钢积极与行业头部企业对标交流，学习借鉴其数字化转型与数据治理的实践经验，以"统筹规划，分步实施，试点应用，逐步推广"为原则，围绕用户为中心、业务为中心，构建数字平台底座，实现数据的汇集，初步构建了数据治理体系。南钢采取兼顾长期规划与短期效益的方式，以财务和生产为试点，财务领域有了高质量数据的支撑，财务指标逼近业务本质，直观反映业务问题；建立数据驱动的绩效考核体系，形成价值创造工作氛围。南钢在生产领域打造清洁的工厂数据，支撑工艺优化、质量分析、设备监测等精准价值变现，支撑铁区集控、钢轧一体化、智慧调度等关键数字化战役；打造数据资产化、能力平台化，全面推广数据治理体系，实现全域覆盖；围绕经营和作业构建场景丰富的数字化运营能力，沉淀数据模型并逐步实现标准化。

（2）支撑部署

南钢打造数字化转型所需的专业人才结构，建立有效的数字化能力提升机制，构架全生命周期的数字化人才规划、选拔、培育和晋升机制；在全集团和子公司范围内构建数字化人才库，强化数字思维和员工的数字技能培训，着重选拔和培育三类数字化人才——数字化领导者、数字化应用型人才和数字化技术型人才，并输出数字化人才，支持子公司和各事业部的数字化建设；成立数字应用研究院，负责南钢外部宏观趋势研究和洞见输出、内部数字化战略制定、战略实施推动和监督等；构建横向与纵向交互的数字组织架构，负责数字化战略项目落地及数字化创新建议输出。

南钢信息化建设已进入由信息化单元运用转向集成运用的阶段。这些24 小时高速运转的信息系统潜移默化地改变着企业的思维方式和工作习惯，不断提高着企业员工的工作技能，更新着企业知识。

4. 数智实践

（1）实践阶段

2005 年 1 月，南钢成立信息与自动化公司，开启南钢信息化建设大幕，这一阶段的主要工作是制定信息化规划和 ERP 系统选型。

2006 年 9 月，在前期规划、选型基础上，南钢积累了局部应用系统建设经验，制定了信息化建设总体规划。规划以南钢发展战略为指导，选择了定制开发与模块软件相结合的技术路线，制定了明确的信息化蓝图，即管理高度集中、产销高度衔接、数据高度一致、信息高度安全、人员高效配置。

2006年12月，南钢成立了ERP项目指挥部和项目部，选择了台湾中冠作为实施方，引入了中钢ERP管理理念，开启了南钢信息化全面推进进程。

2007年1月15日，南钢ERP项目建设正式启动。

2008年6月30日，经过慎重的选型和实施方协助，南钢ERP系统正式上线。

2009年3月8日，ERP上线实施后，实施效果较好，顺利通过了国家"倍增计划"项目验收。

2011年是市场化起步之年，南钢按照公司战略基本完成了ERP为核心的大规模信息化建设，覆盖主要产线和业务板块，为过程控制和精细管理提供了基础的技术支撑平台。

2014年4月，南钢正式启动船板配送JIT服务，开启了南钢产业智慧化建设，这也是南钢工业互联网建设的起源，用户的个性化需求倒逼南钢进行柔性化生产、数字化转型。

2016年，南钢提出"JIT+C2M"理念。C2M模式要求企业以用户为中心，强调智能制造手段及制造业特征，以实现规模化、柔性化、用户个性化定制；并通过大数据、云计算、IoT等技术与终端客户直接交互，以及与产业链相关方的协同研发、协同设计、协同制造、协同服务，打造共创、共赢的智慧生态圈。

从JIT模式转向"JIT+C2M"发展新模式是不断迭代和进化的过程。最初采用JIT模式时，南钢认为连接用户可以快速发现用户的需求，为用户快速提供个性化的产品和服务。后来，南钢发现不仅要连接用户，还要依托工业互联网连接的供应商、金融机构、物流及产学研等组织，实现要素链、产业链、数据链、价值链的全面协同。

2018年，南钢开始布局工业互联网，将各个系统互联互通，将数据整合共享，走出了一条个性化定制、服务化转型、网络化协同的创新之路。

（2）实践成果

南钢基于工业互联网建设，在供给端实现从产业协同链向完备的产业协同网络的升级，通过产业链协同模式的创新实践，先后荣获工信部工业互联网试点示范、智能制造试点示范、制造业与互联网融合发展试点示范、工业互联网 App 优秀解决方案、制造业"双创"平台试点示范、绿色工厂、江苏省工业互联网发展示范企业（平台类）、江苏省工业互联网示范工厂（标杆工厂类、五星上云企业）、江苏省智能工厂、江苏省钢铁行业标识解析二级节点、南京市工业互联网标杆企业等多项荣誉。

南钢通过数字化转型，实现了从要素驱动向创新驱动的根本转变。南钢持续推动效率革命，内部各项生产指标有了大幅改善：产能提升了 20%，研发周期缩短了 30%，加工成本下降了 10%，劳动效率提升了 20%，吨钢能耗下降了 15%，综合污染物吨钢下降了 30%。同时，南钢通过产业链的数字化协同，使上游产业链增益 2%，下游产业链降本 4%，产业链整体成本下降 3%。

5. 复盘

（1）主要经验

面向企业内部，打通全工序互联互通，运用工业模型，加快生产过程控制的智能化升级，进一步促进智能工厂快速迭代，实现钢材仓储过程数字化运行，深挖数据价值，为打造全工序虚拟工厂奠定基础；全面开展铁区一体化智慧中心建设，融合遥感可视化和 AI 等技术，全局化管控生产制造，运用三维动态实景漫游，实现钢铁工艺全流程的一键到达、精准定位、直观获取和智能分析；打造"5G+工业互联网"，建设成世界首个专业加工高等级耐磨钢配件的"JIT+C2M"智能工厂，实现多项技术自主研发、设计、制造。

面向外部互联，围绕钢铁上下游企业，快速将数字基因植入钢铁产业链的数字连接，提升与产业链企业间的数字化协同服务能力，共创钢铁产业互联新生态，进一步满足用户的个性化需求；打造独具特色的工业品超市平台，提供在线电子合同、物流运输、供应链金融等产业化协同服务；C2M云商平台运用大数据、云计算等技术，实现电子合同、电子发票、电子质保、电子物流，并为客户提供全流程的产品生产进程跟踪服务。

（2）重要教训

我国制造业数字化转型总体上仍处于起步阶段，存在技术基础薄弱、创新能力不足、关键技术设备和软件系统等严重依赖进口、标准缺失、数字化人才队伍尚不能满足需求等问题，极大地制约了企业的数字化转型步伐。

要想加快制造业数字化转型发展，首先需要政府制定相关政策，引导、驱动企业自发进行数字化转型。政府相关部门可择机出台包括专项资金、优惠信贷、税费减免在内的政策，鼓励企业加大数字化转型投入力度，培育适应数字化转型需求的高端人才队伍。

其次，要推进质量变革，以数字化提升实体经济供给体系质量，围绕质量强国建设，在供给端构建以 IoT、大数据、AI 等新技术为依托的精细管理和质量控制体系，推动传统产业转型升级；强化事中事后监管，构建以大数据为主线的跨部门、跨行业、跨环节产品质量事中事后监管体系，推动社会消费向安全、绿色和中高端消费迈进；大力推进以社会信用大数据为基础的质量联合奖惩机制，以联合奖惩案例、联合奖惩备忘录等方式推进质量信用信息的共享联通。

再次，要推进效率变革，以数字化促进实体经济要素高效流通，推动产业体系逐步向先进制造、柔性生产、精准服务、协同创新的方向转型升级，不断提升全要素生产率和行业附加值水平；以新技术助推"放管服"改革，优化营商环境，打破要素市场流通行业和地域壁垒，充分激发人才、资本、创新等要素活力，提高全要素生产率。

最后，要打造数字化公共服务平台和数字化转型示范项目，推广已有的数字化转型成功经验；大力推进数字化公共服务平台建设，助力企业提升数据资源管理和服务能力，为客户提供差异化服务。

（3）生态启发

南钢的成功经验可以总结为：时刻围绕客户，以智能制造为抓手，为客户提供规模化、柔性化、用户个性化定制服务；积极推广大数据、云计算、IoT 等技术应用，与客户直接交互，以双赢心态与产业链相关方共同打造智慧生态圈，全程进行协同研发、协同设计、协同制造、协同服务；充分嫁接外部资源，借力转型升级与外部世界构建一个共生、共赢、共荣的生态圈，打造对痛点、短板的自我修复能力和对优势的进化迭代能力；联合高端专业人才，成立南钢智能制造专家智库与联合创新中心，加快开展达到国际领先水平的技术创新，提供更高层次、更高水平的研究成果，为智能制造提供更具前瞻性、时效性和针对性的决策建议。

案例 3　海澜智云科技有限公司：聚焦工业互联网，打造全行业智能化服务提供商

1. 业务结构

（1）企业主业

海澜智云科技有限公司（以下简称"海澜智云"）是一家以工业互联网云平台为基础载体，在系统节能、智慧生产、安环检测等领域拥有特色技术和丰富应用经验的全行业智能化解决方案和服务提供商，集 5G、模型预测控制、IoT、边缘计算、大数据分析、建模仿真、AI 算法于一体，推动企业数字化转型，帮助客户实现提质降耗、智能制造、安全生产、减碳减污的创新型高科技企业。

（2）数字业务

江苏海澜新能源有限公司于 2015 年 6 月 9 日在江苏省江阴市成立，于

2019年12月27日改名为海澜智云科技有限公司。该公司的业务主要分为三个部分，分别是光伏电站的建设、投资与运营。

2016年6月，海澜智云收购江苏海澜电力有限公司（后于2020年3月11日更名为海澜电力有限公司），将其打造成拥有承装修试三级资质的电力工程服务公司，深入电力工程行业，打造自有核心工程施工团队。

2017年11月，海澜智云组建团队，开展海澜智云工业互联网云平台的研发与建设，同时切入售电行业。

2018年11月，云平台一期、二期工程完工，开始为用户提供用电相关SaaS应用服务，为公司售电客户提供全方位的电力监测、诊断、分析服务。同期公司售电业务签约客户超过500家，签约电量达214亿千瓦时。

2019年11月，云平台三期建设完成，开始为客户提供绿色智慧综合能源监测、分析、诊断服务，并为企业提供安全、环保等海澜智云科技汇报材料平台服务，服务的客户突破5 000家。同期公司售电业务签约客户超过5 000家，签约电量达320亿千瓦时。

2020年11月，云平台四期建设完成，开始为企业客户提供智慧能源、智慧系统节能、智慧安全环保、智慧楼宇、智慧港口等服务，覆盖化工、冶金、化纤、电子、港口等行业，服务的工业企业客户突破6 000家。

2020年11月至今，云平台五期建设持续推进，开始为客户提供数字化智慧工厂（港口、楼宇、园区）搭建、智慧绿色综合能源、智慧系统节能、智慧安全环保、全工艺流程优化、先进控制、工业软件开发等服务。

（3）发展目标

海澜智云始终秉承"不断超越自己，永远追求卓越"的精神，勇于开拓创新，走在行业前沿，坚持"自主创新、重点跨越、支撑发展、引领未来"的指导方针。目前，海澜智云在多个省建立子公司及分公司，旨在通过IoT、大数据和AI等技术打造数字化、智能化工厂。与此同时，海澜智云积极探讨改变现有人才培养方针，注重"技术＋经验"的双轮发展，旨在实现传统企业与工业互联网企业技术人才的行业知识交叉学习、员工综合能力的提升。

2. 面临的挑战

（1）生产力挑战

在市场经济条件下，企业核心竞争力是社会生产力的重要基础和综合
反映。随着经济的不断发展，其他企业的核心竞争力也逐渐提高，企业不
仅需要提高新技术的竞争力，而且需要提高技术革新的竞争力。目前，海
澜智云已经通过 IoT、AI 和大数据等研发出新一代的数字技术，助力公司
的安全生产及性能提升。

（2）商业模式挑战

企业在把价值主张推向市场期间，要发现采用哪种方式能更好地接触
客户。一般来说，间接客户有较大的选择范围，如供应链节点上的分销批
发、零售或其他类型的合作伙伴。虽然海澜智云通过合作渠道获得的利润
相对偏低，但合作渠道可以提高产品和服务的知名度，让更多的消费者来
评价公司的价值主张，提供良好的氛围环境从而刺激消费者购买，向消费
者传递产品理念和品牌核心概念，以促使其产生忠诚度。

商业模式的核心体现就是盈利模式。一般而言，商业模式是通过合理
配置资源来引导经济实体盈利的，简单来说就是"投入—产出"模式，具
体包括成本模式、收入模式和壁垒模式。企业需要考虑利润来源、产品卖
点和市场的发展方向，其中很重要的一点就是投入与产出的比例。海澜智
云在创建新的技术方案时，需要考虑该方案可以节约多少电量、值班人员
的数量及能带来多大的经济效益等问题。

（3）管理系统挑战

在企业项目管理中常见的组织形式主要有三种，即职能式、项目式和
矩阵式。其中，职能式是最基础的形式，采用最原始的金字塔的管理模式；
而项目式目标单一、命令协调，项目经理可以直接调动项目成员；矩阵式
则比较多元化，可以平衡各项目的目标。因此，海澜智云要选择合适的组

织形式，激发员工参与积极性，加强知识共享，促进员工合作，提高工作效率，更好地实现企业发展目标。

从投入产出角度来看，企业运营就是一个通过资源的投入、转换与产出，为企业产生价值增值的过程。为了提高运营能力，企业需要优秀的人才及其对企业实施自上而下管理的能力，企业的生产及销售能力也应该得到保障，因为强大的销售队伍可以增强企业的盈利能力，从而对企业的未来发展产生正面影响。

3. 数智战略

（1）战略制定

海澜智云通过互联网云平台形成了50多项工业仿真分析模型和AI算法，并研发了一系列机理模型，如蒸汽热网相关机理模型、冷却系统AI流体算法模型、水力管网AI模型和泵仿真AI模型。同时，海澜智云开展了如下服务的建设工作：数字化智慧工厂搭建服务，智慧生产服务，智慧能源管理服务，系统节能服务，智慧安全服务，主要气体因子、废气、烟气等数据的实时查询服务，智慧空分系统服务，智慧钢厂服务。在研发新模型的过程中，企业需要考虑工艺流程及产品流通最大化的问题。

（2）支撑部署

支撑企业战略发展的因素包括投入、人才、技术平台等。投入是企业生存与发展的基本前提，无论是维持运营还是建设一条新的生产线，投资决策正确与否都直接关系到企业的兴衰成败。只有通过正确的投入，实现多元化的经营，使各项生产线的运转能够平衡、协调，才能获取经营利润。海澜智云研发了一系列机理模型，历经五期建设过程，完成了能源、设备、生产工艺、人员、安全环保等功能系统的开发，形成了50多项工业仿真分析模型和AI算法。

人才是推动企业发展最重要的资源之一。海澜智云首先需要统一人才标准，使其建立的组织与所招揽的人才相匹配；其次要考虑市场中人才的发展现状及公司目前的人才现状，发掘高潜人才，找到与公司价值观一致的人才；最后要制定人才规划，使人才选拔与人才培养有机结合起来，从而使各个板块紧密相连，形成一个整体。

海澜智云工业互联网云平台以推动传统制造业数字化转型为使命，向高端化、网络化、智能化发展，其发展过程可分为纵向发展与横向发展两个方面。纵向发展是企业数字化逐步深入的过程，海澜智云长期致力于前沿技术研发和场景扩展工作，将 AI 导入工业控制领域，实现工业控制底层软件、硬件及核心控制技术的自主化。横向发展是运用海澜智云工业互联网云平台，整合数据、技术、人才、管理等要素，建立工业互联网生态圈，把平台作为信息共享、资源调配的基础载体，从而充分发挥数据价值，提高资源使用效率。

4. 数智实践

（1）实践阶段

海澜智云互联网云平台于 2016 年 12 月开始研发和建设，历经五期建设，完成了能源、设备、生产工艺、人员、安全环保等功能系统的开发，形成了 50 多项工业仿真分析模型和 AI 算法。海澜智云完善并加强现有煤化工行业、冶金行业、钢铁行业等全系统解决方案，覆盖全工艺流程链路，建立"人、机、物、法、环"数字化智能体系架构，培育了一批拥有工艺专业知识并掌握互联网、大数据分析、AI 等技术的复合型高端人才。此外，海澜智云研发工业控制软件及 App，研发先进控制关键技术，完善各类解决方案。海澜智云在发展过程中逐步确立了"纵横发展"的战略规划。其中，纵向发展即进行行业深耕，在企业内部利用新一代信息技术，以综合能源管理为切入口，在工艺流程优化、智慧系统节能、智慧安全环保、设备云诊断等方面，帮助用户实现提质降耗、自动运行、减碳减污的目标。横向发展即充分依托信息化平台，充分发挥融合价值，通过数据融合和业务融合，使企业创新活动呈现模块化和组件化趋势，使企业经营边界不断模糊化，企业间的价值链相互交叉、相互缠绕，形成有机的价值网络体系。海澜智云借鉴互联网思维，实现企业间及更大范围的连接，运用海澜智云工业互联网云平台，整合数据、技术、人才、管理等要素，建立工业互联网生态圈，把平台作为信息共享、资源调配的基础载体，为企业管理者和生产者提供有力的抓手，从而充分发挥数据价值，提高资源使用效率；重塑企业管理和生产模式，通过平台整合，逐步减少人员在生产和管理中发挥的作用，用智能模式代替人工模式，实现生产和商品流通的最优化及服务延伸。

（2）实践成果

海澜智云不断优化公司的架构和职能，设立有形部门，建立虚拟的"前台＋后台＋中台"三大板块，以业务开展为中心，建立有效的部门协同机制，辅以工作小组和项目制，不断完善公司治理体系。同时，海澜智云提升营销能力，在多个地方成立子公司，建立快速响应服务体系，形成网状营销体系，以地区性公司起步，向全国布局发展。最后，海澜智云大量招聘综合型人才，现有人才队伍包括博士3名、硕士研发人员10名、具备10年行业经验的技术骨干30余名。海澜智云积极探讨改变现有人才培养方针，注重"技术＋经验"双轮发展，实现传统企业与工业互联网企业技术人才的行业知识交叉学习，培育复合型人才；与高校深度合作，双向输送人才，建立培养机制，实现产学研一体化协同发展。

海澜智云工业互联网云平台的价值更多体现在数智大脑建设上，它并不是一个简单的采集、汇总、预警数据的平台，其通过自我学习和自我完善，以数字驱动和智能运营赋能传统制造业转型升级，助力企业提升效率，降低成本，达到提升企业核心竞争力的目的。海澜智云依托工业互联网云平台，广泛运用自主研发的多变量控制、机理模型、模型辨识等核心技术及AI、大数据、云计算等技术，深耕制造业，专注工业生产流程优化，为制造企业数智化升级提供服务。目前，海澜智云的业务已经扩展到化工、化纤、冶金、电子、纺织等八大行业，打造了华昌化工等多个工业互联网应用标杆。

5. 复盘

（1）主要经验

海澜智云在发展的过程中通过观察市场行情变化来不断优化公司架构，完善公司治理体系，研发新产品。首先，海澜智云对产品销售的各个环节进行分类，设立不同的机制加以治理。其次，海澜智云以江阴市为总公司所在地，在各省成立子公司和办事处，目前已在沪、鲁、豫、晋、浙等地成立子公司，建立快速响应服务体系，形成网状营销体系，以地区性公司起步，向全国布局发展。最后，海澜智云积极招聘复合型人才，积极探讨改变现有人才培养方针，注重"技术＋经验"双轮发展，实现传统企业与工业互联网企业技术人才的行业知识交叉学习，培育复合型人才方向；与高校深度合作，双向输送人才，建立培养机制，实现产学研一体化协同发展。

（2）重要教训

虽然海澜智云目前拥有丰富的解决方案和实践案例并且效果显著，但其平台解决方案由于政策、资金、企业认知度等原因并未实现快速全面推广，而且核心技术及产品的竞争力都有待提升。此外，海澜智云高层管理人员应当进一步加强对公司的管理，合理分配员工的工作，重视生产线的运转，严格控制各方面投入，吸收更多的优秀人才。此外，海澜智云应扩大合作渠道，将自身的价值主张全方面推向市场。建议相关部门出台合适的政策，加大数字化转型建设的科普宣贯，同时向实施信息化、数字化、智能化改造的企业提供扶持；出台相应的政策，督促高能耗、高污染、高排放及数字化水平、信息化水平不高的产业进行数字化转型升级，加快工业互联网平台类企业相关技术产业化的步伐。

（3）生态启发

海澜集团打造的智云，究其本质是一个数智大脑，它能够通过自我学习和自我完善，为制造企业找到实现高效生产的最佳平衡点。海澜智云并不满足于提供通用的算法，进一步推出了私人定制服务，即根据大数据为传统产业提供彻底的个性化改造方案。也就是说，海澜智云的终极目标是以数字驱动和智能运营赋能传统制造业转型升级。此外，海澜智云拓宽业务范围，为企业提供智慧服务，包括售电、楼宇、安全环保等，帮助企业应用智能工艺流程，实现智慧生产；推进供应链生态圈建设，努力建设企业和行业的各环节、全流程数字化集成系统。海澜智云致力于推动我国从制造大国向制造强国转变，促进数字经济与实体经济融合发展，突出数字经济新优势，为经济高质量绿色发展贡献力量。

案例4 紫光云引擎科技（苏州）有限公司：产城融合，助力企业数字化转型

1. 业务结构

（1）企业主业

紫光云引擎科技（苏州）有限公司（以下简称"紫光云引擎"）是紫光集团旗下专业从事工业互联网服务的高科技企业。紫光云引擎依托紫光UNIPower工业互联网平台"技术＋知识"的基础共性能力，面向全国工业企业提供全方位的工业云服务、工厂数字化解决方案和工业互联网安全保障。此外，公司基于产城融合发展理念，积极打造政企双平台、行业子平台及丰富的工业App，开辟了工业互联网平台推广应用新路径，助力企业数字化转型和上下游产业链协同发展，为城市工业经济发展提供新动能。

紫光云引擎自成立以来，依托紫光集团的技术实力及强大的紫光云战略支撑，取得了一系列实质性进展：获得平台相关的软件著作权90多项、各类奖项荣誉40多项，连续3年中标工信部工业互联网创新发展工程项目，连续3年获评工信部试点示范项目，2020年紫光工业互联网平台被工信部

认定为"国家级跨行业跨领域工业互联网平台"。

（2）数字业务

紫光云重点打造的工业互联网平台实现了模型、标准、流程及生产各环节的优化，可有效提升企业的研发设计、生产制造、运营管理等资源配置效率，形成资源富集、多方参与、合作共赢、协同演进的制造业新生态。

该平台具备完整的 IaaS 基础设施服务能力、三大核心 PaaS 平台服务、丰富的场景化 SaaS 服务，面向全国工业企业提供全方位的工业云服务，为城市工业经济发展提供新动能（见图 6-1）。

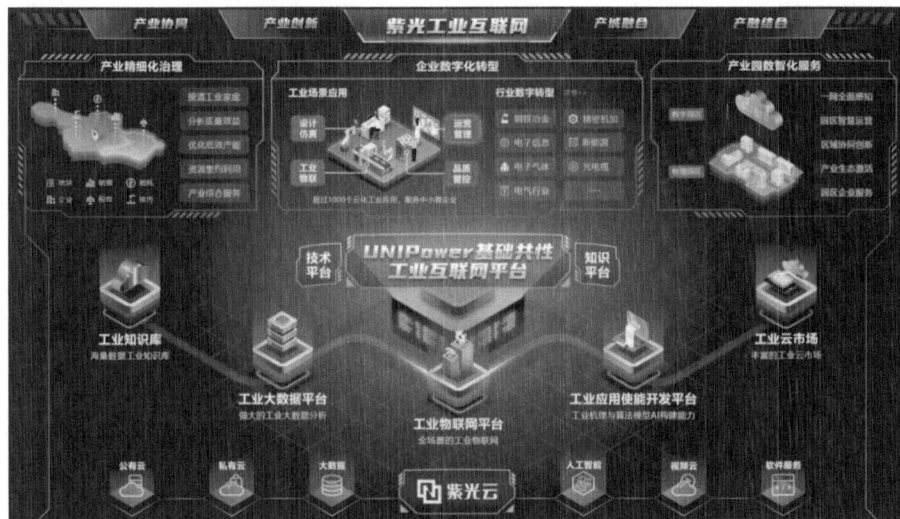

图 6-1 紫光云平台架构

（3）发展目标

紫光云引擎借助紫光云数的运营能力和新华三的科技动力，发挥其在工业云和智能制造方面的技术与解决方案优势，提出了"打造工业云引擎平台，赋能产业云升级"的愿景。

紫光云引擎近年来的战略目标是凭借"平台＋服务＋生态"的发展理念，以平台化模式领衔产业生态，为工业企业提供智能制造全方位的云服务和端到端的系统解决方案；以服务化方式整合产业资源，为工业企业提供协同制造、服务性制造、C2M等创新能力，从而成为助力制造业转型升级的创新组织。

2. 面临的挑战

（1）生产力挑战

强大的智能制造是先进制造水平与智能化技术应用相结合的产物，但紫光云引擎在以下两个方面存在不足。

首先，紫光云引擎的智能制造产品虽然应用比较广泛，但高端装备及应用系统创新能力不足。紫光云引擎的芯片、工业机器人、高档数控机床、工业软件等关键技术装备与软件系统仍然依赖国外。智能制造产业是资金密集型和技术密集型产业，要与先进国家的先进企业竞争，就必须具备充足的资本和人才。目前，全球智能制造的高端人才主要集中在发达国家，而国内相关人才较少，并不能充分满足国内智能制造产业的需求，这势必影响紫光云引擎的长远发展。

其次，紫光云引擎智能制造产品总体处于研发阶段，竞争力有待提高。总体而言，智能制造处于初级发展阶段，大部分产品依赖国外厂商，因此智能化升级成本也是紫光云引擎在研发方面的阻碍因素。

（2）商业模式挑战

目前，我国智能制造相关现代服务业发展滞后，这给紫光云引擎未来完善商业开发和拓展盈利渠道带来了诸多不确定性。智能制造与相关服务业的发展是相辅相成的，智能制造的各个环节都需要先进服务业的配套和支持，智能技术的供应、智能设计、智能物流、智能监测、智能系统软件和管理软件等都要求发展一批智能制造相关的现代服务业。没有完备的服务业体系，紫光云引擎的盈利渠道便会受限。

作为跨越从技术到产品化与商品化鸿沟的有效手段，孵化器对智能制造创业企业十分重要。但是，国内孵化器普遍存在专业服务能力不足的问题，缺少技术服务、创业辅导、投融资、人才培训等专业化增值服务，单一的投资主体也限制了智能制造企业未来的合作方向，这对紫光云引擎的发展构成了挑战。

（3）人才供给挑战

智能制造人才供给不足也是紫光云引擎面临的一大挑战。智能制造变革了专业岗位设置，但相应的专业人才比较缺乏。随着智能制造的发展，一些传统岗位在生产中的作用逐渐弱化甚至消失，而智能制造人才主要是由企业培养的。目前，国内教育与培训偏向细分与专业化，难以满足智能制造对具备专业性、通用性、融合性技能的复合型人才的需求。紫光云引擎在人才引进、内部管理架构等方面仍然存在诸多不足，未来需要加以完善。此外，在运营模式方面，网络协同制造、大规模个性化定制、远程运维服务等新需求的出现也对紫光云引擎能否快速实现数据的采集、流转和处理，关键制造装备能否采用 AI 技术等提出了深刻要求。

3. 数智战略

（1）战略制定

第一，以客户实际需求为导向，以应用服务交付为牵引，创造平台商业价值。紫光云引擎深入工业现场，挖掘用户需求，聚焦业务典型场景，为企业提供一体化解决方案，针对研发设计与仿真、生产过程管控、设备运维与服务、质量管控和数字化运营等场景，推出应用服务解决方案，实现降本增效，为企业持续创造价值，这是紫光云引擎在工业企业数字化转型升级领域的目标和方向。

第二，提炼行业客户共性需求，输出场景化共性应用服务，打造平台共性服务能力。历经多年市场实践与用户服务，紫光云引擎结合行业需求，打造基础共性平台能力，包括全场景的物联接入能力、工业知识库构建能力、工业数据分析能力，工业机理、AI 算法构建能力，工业 App 使能服务能力等；重点锁定工业生产设计仿真、工业物联、品质管控、数字化运营等典型应用场景，为企业提供专业的服务，并形成可复制、可推广的场景方案和创新应用。目前，紫光云引擎已经输出电子信息行业共性需求解决方案、新能源行业共性需求解决方案、机加装备行业共性需求解决方案和钢铁冶金行业共性需求解决方案等。

第三，聚焦平台化工具，结合行业客户数据融合，输出创新服务能力。紫光云引擎聚焦平台化工具，在工业现场深化数据融合，为工业现场企业提供资产数字化、用能质量评估、柔性换线制造、能耗优化一体化、AI外观检验、企业数字化运营等创新应用；在电子信息、新能源锂电池、钢铁冶金、装备制造、电气、光电缆、光伏、纺织等10多个行业的众多企业进行光伏应用，取得了显著的成效；帮助各类企业实现了供应链网络化协同、智能化生产、智能产品服务化延伸、集团化管理、数字化管理等不同的服务模式。

在业务场景下，充分融合数据与业务，使企业经营边界不断模糊化、融合创新不断深入，促进企业转型高价值产品与服务，促进企业间价值链的交互与交换，形成有机的价值网络体系，促进更多创新应用与服务的孵化。

在产业链场景下，汇聚产业链数据融合共享，为"强链""补链""延链"提供有力的数据支撑，促进产业链协同发展与创新合作，同时为区域精细化治理及区域经济发展提供有力的数据保障。

在服务场景下，创新应用对基础研究、基础理论、新一代技术等有大量的需求。紫光云引擎建立长效的校企合作机制，通过科研成果转化、项目联合开发等多种手段，在不同领域与科研院所、高校、技术学院等建立紧密合作，提高了创新应用落地的可能性；同时，与不同教育阶段学校合作，联合制造业和服务业，探索以产助教、以教育人、以才兴业的模式。

第四，融合产、学、研、用产业生态，凝聚校企创新产业化能力，共同服务市场。紫光云引擎基于紫光工业互联网生态联盟，汇同专业研究机构、重点领域专业性高校和代表性头部客户，开展产、学、研、用合作，承接工信部工业互联网创新发展工程课题，将行业创新探索产业化，共同为行业客户提供高价值产品与解决方案。例如，在电机管理运维领域，紫光工业互联网平台充分发挥 IoT 的业务能力，采集海量电机运行数据，与高校团队合作开发算法模型和机理模型，输出电机行业专家系统应用，先后为鞍钢、中信特钢、建龙钢铁提供电机设备远程智能运维服务，获得了良好的市场效果。目前，紫光云引擎通过类似的模式，已经与南京大学、南京理工大学、苏州大学、上海交大、清华大学、华南理工大学、中国科学院大学等同步展开合作。

（2）支撑部署

紫光云引擎拥有强大的紫光云战略支撑，公司投资了 120 亿元布局紫光云，设立了 240 亿元的芯云产业基金。紫光云引擎聚集了全国工业领域的专业人才，他们在 10 多个细分行业中都有丰富的服务经验。紫光工业互联网实训基地依托紫光云引擎，结合先进的软硬件配套设施及紫光集团优质资源，联合高校及职业培训机构，导入国内工业互联网人才培养资源，聚焦工业互联网和数字化转型解决方案培训项目；近年来与苏州大学等多个高校、职业培训机构、行业协会等合作，导入工业互联网多方面的人才培养资源，进行了一系列实践探索，积极为工业互联网产业人才培养添砖加瓦。

同时，紫光云引擎与 SAP 公司、苏州高铁新城联合成立紫光 SAP 工业互联网联合创新中心。该中心有效整合各方资源，为制造业增效赋能，为中小企业提供完备的工业云服务，为科技类创新创业企业构建孵化平台，服务苏州市产业升级转型，推动长三角制造企业数字化改造进程，促进长三角智能制造产业高质量发展。

4. 数智实践

（1）实践阶段

第一，围绕典型场景，助力降本增效提质。紫光云引擎基于物联接入能力，实现资产互联、全生命周期管理、业务数据融合共享、关键机组预测性运维、综合用电健康评估、能源优化一体化服务、智能产品远程运维管理等服务，在中大型及集团化企业实现集团化统一运维管理能力，促进信息技术和操作技术能力融合，助力基于数据的效率优化与协同；在集团内实现备品备件、人才库、知识库的共享模式，降低企业综合成本；向小微企业提供 SaaS 化应用服务，让中小企业在数字化转型过程中用得起、会使用、见效快；借助 AI 与工业视觉的融合，实现对产品的外观检验，减少用工需求，同时实现对工艺环节的分析与优化；借助数据融合，构建企业运营管理指标体系与目标体系，用数据优化企业的业务流程和管理模式，帮助企业实现智能化企业门户。

第二，围绕企业间协作，助力网络化协同。紫光云引擎基于数据融合打造企业协作平台，打造虚拟超级工厂模式，提供计划、采购、制造、质量、物流、交付等方面的帮扶，保证质量一致性，构建企业的核心制造能力，实现端到端的供应链网络化协同能力，缩短协同周期与客户响应周期。通过该模式，某集团企业在驻场人员费用方面每年节省上百万元，外协效率由小时级提升至分钟级。在区域方面，紫光云引擎通过线下产业联盟与线上交易平台模式，解决输配电行业产业配套弱、企业多杂散乱、无法规模化和批量化生产等问题，通过平台实现整体订单生产协同，实现输配电行业的网络化协同，助力输配电行业中小企业上云。

第三，围绕产业链需求，探索融合创新共享。在区域治理方面，紫光云引擎与苏州相城区共同建设产业云图大数据平台，助力产业精细化治理，并将产品与治理理念有效推广到内蒙古乌海、东莞塘厦等多个地区，助力区域经济高质量发展。随着产业治理理念的进化升级，产业云图大数据平台结合"强链""补链""延链"等理念，构建产业链治理体系，帮助政府进行精准招商、精准施策等，同时积极探索政府统筹、以企业为主体、多方共营的深入融合模式，服务产业链企业数字化转型，积极探索产业链供需侧共享模式。

（2）实践成果

紫光云引擎结合自身实践与经验沉淀，累计兼容、适配 300 多个工业物理协议，建立 5 000 多个工业机理模型，开发 3 000 多个工业 App，并在场景应用创新与模式创新方面服务全国 14 个省及直辖市的众多企业，如新华三集团、紫光恒越、建龙钢铁、正泰建筑、国轩高科等，在江苏苏州服务腾晖光伏、通鼎互联、金宏气体、华亚智能、力神电池、大华精密等本土化区域性头部企业。

第一，在技术创新方面，紫光云引擎构建了 UNIPower 工业互联网平台，该平台基于紫光芯云一体化的技术能力，不满足定位于特定区域平台，而是定位于基础共性平台。该平台从"聚焦行业、场景、生态"升级为"技术平台＋知识平台"，实现了平台的高度融合性和协同性，成为面向各种制造场景的服务能力的集中和汇聚平台。

第二，在实践积累方面，紫光云引擎的产业云图大数据平台在苏州相城、东莞塘厦、内蒙乌海等地相继打造了示范点，形成了良好的口碑。

第三，在品牌协同方面，2021 年 4 月紫光集团正式打通了新华三、紫光云公司的架构，以产业数字引擎为原动力，与城市兴业、善政和惠民相结合。

第四，在生态合作方面，紫光云引擎采用"平台＋生态＋服务"的应用模式，基于工业互联网平台服务用户，联合多个维度的生态伙伴共同解决用户问题，构建智能软件服务，进一步提升工业互联网的平台能力，最终形成闭环价值。

5. 复盘

（1）主要经验

深化江苏省工业互联网联盟工作，分行业总结推广行业解决方案；搭建政府推介平台，为企业与服务商提供对接环境和平台；遴选江苏重点行业，牵头重点工业互联网平台服务商和行业头部企业合作，探索行业大脑平台建设，实现"一业一脑"服务生态，引领产业发展；通过政策引导，促进头部企业和重点平台深度合作，打造工业互联网示范工厂，以标杆引领带动行业转型，做好扶持和奖补；形成标准化行业案例，重点推动整个行业专项升级；配套国家工信重点课题项目，结合省内发展特点，建立省内重点课题项目，鼓励产学研合作，深化产学研长效机制，鼓励支持科技成果与平台企业在创新应用上的合作。

（2）重要教训

工业互联网已经成为传统制造业转型升级的有力抓手。江苏工业有较好的基础，能为工业互联网企业提供较好的发展土壤。经过近几年的摸索和发展，工业互联网慢慢进入市场扩张期，但目前存在以下制约发展的瓶颈。

- 制造企业整体利润不高，对新技术、新应用有疑虑。
- 基础共性能力构建不足，在深化行业应用实践和落地场景方面有待进一步探索。
- 平台服务商需要推动整个行业改变观念，成本高、效率低，限制了能力的普及。
- 缺乏典型平台企业和重点案例。例如，青岛对海尔工业互联网的扶持与推动力度就很大。在工业互联网发展前期，政府的引导与推荐具有带动和示范作用。
- 平台创新应用对跨学科融合人才的需求未得到充分满足，导致科技成果转化、创新应用的动力不足。

（3）生态启发

第一，顺应时代潮流。当前社会已经进入数字经济发展的关键阶段，数据成为关键的生产要素。网络将人、流程、数据和事物结合在一起，使之更加相关、更有价值。因此，企业需要因地制宜，优化资源配置，提高数据的信息化、知识化、智能化与价值化水平，积极响应国家的"万物智能"新基建规划号召和产业推广政策。学习"万物智能"技术的试点示范，让数据要素更加快速流淌在社会生产、交易和生活的各个领域，并实现自由分享、共赢交易与安全使用，从而带动更多行业的数字化改造进程，推动整个产业进步，才是顺应时代潮流的明智之举。

第二，重视消费者需求。企业应该把消费者满意放在第一位，以顾客需求为导向，努力降低顾客的购买成本，增强消费者购买或消费过程的便利性；深入现场，挖掘用户需求，聚焦业务典型场景，为企业提供一体化的整体解决方案；为企业提供便利，建立长久合作，创造品牌效应，降本增效，从而增加企业的商业价值，促进企业持续发展。

第三，培养多层次人才。融合产、学、研、用产业生态，通过建立长效的校企合作机制、科研成果转化、项目联合开发等多种手段，在不同领域与科研院所、高校、技术学院等建立紧密合作，提高创新应用落地的可能性；与不同教育阶段学校合作，联合制造业和服务业等探索以产助教、以教育人、以才兴业的模式；承接工信部工业互联网创新发展工程课题，将行业创新探索产业化。

第四，实现新时代的合作。首先，企业、产业之间需要竞争，更需要合作。产能共享就是一个典型的例子。传统市场上的产能以离散而孤立的方式，作为不同的生产单元存在，相互独立、相互竞争。一旦企业与企业之间、产业与产业之间原先分隔的生产单元被连接起来形成生产网络，被融合到智造平台中的不同能力要素得到高效的整合，就可以面向具体的订单，实现设计、采供、加工、质检、物流和售后等制造环节的一体化联动，大大降低时间成本。其次，要输出场景化的共性应用服务，打造平台共性服务能力，形成可复制、可推广的场景方案和创新应用，为各行业提供共性需求解决方案，实现资源节约。最后，要积极建设产业云图大数据平台，进行产业精细化治理，并将产品与治理理念推广到多个区域，为区域经济高质量发展的添砖加瓦，反过来促进企业、产业的发展。

案例 5　朗坤智慧科技股份有限公司：布局智能化，助力重资产流程工业数字化转型创新

1. 业务结构

（1）企业主业

1999 年 11 年，朗坤智慧科技股份有限公司（以下简称"朗坤"）创立。自创立以来，朗坤始终坚持自主创新，在智慧工业技术领域拥有多项关键技术，服务对象众多，遍布发电、建材、化工、煤矿、冶金等行业。朗坤依托在工业领域丰富的行业知识沉淀、千余家大型客户数字化转型服务经验，积极参与工业云等多项国家级标准的制定，并承建国家发改委"互联网＋建材云"重大专项、新华社瞭望云智库、中信集团建造云、中国实验快堆运维一体化平台等国家级重点工程建设。由朗坤倾力打造的苏畅工业互联网平台在工业设备诊断预警方面作出了突出贡献，保障了包括核工业在内的央企工业大数据安全，同时构建起覆盖全国的城市综合能源及智慧园区建设和服务能力体系。朗坤是国内工业软件进口替代的头部企业，也是"一带一路"数字化建设的龙头单位，正逐渐发展为领先的工业互联网平台提供商和工业大数据运营商。

目前，朗坤参控股 8 家公司，业务覆盖全球 20 多个国家和地区，服务对象包括五大发电集团、三峡集团、葛洲坝集团等近千家大型企业及众多地方政府。2020 年 10 月，朗坤获国家战略投资基金——中国互联网投资基金注资，苏畅工业互联网平台将实现跨行业、跨领域发展。

（2）数字业务

朗坤始终以振兴国产软件为己任，坚持走核心技术自主开发、自主受控的道路，着力突破关键核心能力，加强重点技术攻关，在"交钥匙"设计理念指引下，聚焦企业数字化转型中存在的痛点、难点问题，打造了一个开放、标准化的平台体系，探索了一条技术平台、工业知识、场景化工

业 App、创新服务模式与生态"四位一体"的新基建创新发展之路。目前，朗坤自主研发的苏畅工业互联网平台入驻用户达 3 000 多家，接入设备超过 35 万台，积累了面向 6 大行业、数百种典型工业设备的故障诊断、故障预测及运行优化模型 1 500 多个，支持的主流工业设备协议多达 32 种，提供 150 多种行业通用或专用工业 App，帮助企业在提升产能的同时降低维护成本。

（3）发展目标

朗坤坚持核心技术自主可控的创新探索得到了央企的肯定，朗坤依托在工业领域 20 多年的行业知识沉淀、1 000 多家大型客户数字化转型服务经验，提出了"物联网＋大数据＋人工智能，为工业企业赋能"的发展愿景。朗坤将进一步聚焦智能制造与工业互联网，高质量服务国内重资产流程行业，助力数字化"一带一路"建设，积极开拓开拓海外市场，力争较快成为重资产工业领域领军企业。

2. 面临的挑战

（1）场景开放的挑战

与国内工业软件企业摩拳擦掌的昂扬斗志相比，在应用领域工业企业仍然持比较保守的态度。不止一个人问过，为什么我国芯片设计与制造、数控机床、汽车、机器人、激光、兵器、航空、航天、钣金、模具、机械制造等各个工业领域的设计、加工、分析等工业软件用的几乎都是欧美日软件，鲜见国产软件？要想回答这个问题，就要提及国外工业软件的发展驱动力。国外工业软件企业成长有三大规律：一是大项目起家，发展起点高；二是工程咨询起家，孕育于工业；三是大量用户刺激产品迭代，加快成熟进程。纵观我国工业软件的发展，之所以落后于国外，就是因为并未遵循这样的发展规律。其中的一个重要原因是，我国许多工业企业出于各种考量，未将应用场景向国产工业软件开放。如果说在下游销售市场的碰壁阻碍了国内工业软件企业的营收增长，那么上游应用场景、项目设计的闭锁就相当于直接掐断了国产工业软件的生长势头。巧妇难为无米之炊，现状是巧妇有了，米还缺着。当前，国内工业软件企业最缺的是背书及跟头部企业的合作机会，另外还缺少平台和渠道。国内用户需求非常旺盛，工业软件的发展土壤其实很肥沃，国内工业软件企业真正需要的是头部企业开放应用场景，与软件开发企业一起打磨软件。用户多了，反馈的需求不断增加，工业软件就可以快速迭代，国产工业软件自然而然地就会发展壮大，但目前这种场景开发并不普遍。多家在行业内发展较为领先的工业软件企业反映，除了在早期拿到航空航天头部用户的一些应用需求并建立了少量合作，它们在许多工业制造领域的进入都比较缓慢、吃力。朗坤作为目前国内首屈一指的工业互联网智慧化建设领域的实践者和领导者，如何与头部用户合作并让工业软件"进门"是一个重要问题。

（2）设备管理层面的挑战

朗坤的业务主要面向重资产流程行业，包括发电、建材、化工、铝业、煤矿等。这些行业普遍自动化程度高、设备复杂度高、管理难度大，如何保障设备安全可靠的运行、提升设备的利用率、促进设备保值增值是很大的挑战。朗坤需要具备感知、平台和建模三大能力，打造从设备研发、制造到运营、维护、检修的一体化平台，对设备进行全生命周期管理；通过设备标识系统帮助企业消除信息孤岛，让管控更加便捷；构建"人、机、料、法、环"生态链，实现数据互联互通、可溯可控；通过苏畅平台精准感知、评估设备健康状态，指导企业经济、高效提升设备性能，实现"治未病"。

在"5G+工业互联网"新趋势下，朗坤正在积极探索设备管理新模式，把资产的所有方、运营方、检修方和设备的供应方、设备专家整合起来，打造一个基于工业互联网的低成本、高质量设备管养服务平台，共同推动设备管理健康、高质量发展。

（3）人才培养的挑战

朗坤认为，"好的员工就是公司的'名片'，公司的教养蕴藏在员工的血液里、骨子里和笑脸上"。朗坤真正需要寻找的是有社会责任意识、抱负理想、德才双馨的志同道合之人。"招人难，其实不只是贵的问题"，朗坤认为当前高校的培养模式相对封闭，不能满足企业需求，不能很好地提供预备人才。因此，目前朗坤面临人才培养难、实践经验有待进一步丰富及专家知识难以传承等人才培养问题。如何通过智能化手段减员增效，将一线专家知识通过数字化手段进行传承，也成了急需突破的难点。

3. 数智战略

（1）战略制定

2020 年 11 月 4 日，中信数智（武汉）科技有限公司正式注册成立，朗坤作为战略合作伙伴和技术合伙人，将依托国家软件重大专项工程，研发自主可控的智能建造核心技术，集中力量解决当前关键软件"卡脖子"问题，力争形成建筑全行业规模化应用的产业互联网"平台＋生态"。

"十四五"期间，我国将全面进入数字经济时代，朗坤作为国内重资产工业领域的领军企业，正在发挥协同优势，开启"1+1>2"的强强合作模式，助力企业跨越式发展，为解决关键领域"卡脖子"问题贡献力量，为数字中国建设贡献力量，这也将进一步落实朗坤"智能制造软件与工业互联网平台提供及工业大数据运营商"的发展战略。

（2）支撑部署

朗坤作为一家看重员工职业发展与规划的企业，非常注重管理人才的培养与储备。为疏通外部引才通道，强化校企合作，实现全方位的校园人才培养体系，朗坤搭建高校学生组织生态合作联盟，实现学校、企业、学生三方共赢的目标。

朗坤为南京各大高校学生搭建平台，每季度在园区召开南京各大高校学生组织座谈研讨会，促进企业和学生间的沟通交流；定期邀请行业专家走进院校开展学习交流，为学生提行业解答及职业生涯规划。朗坤董事长武爱斌被各大高校聘为兼职教授，身体力行地在教育事业上为培养优秀人才、科技发展出力。朗坤还与南京各大高校展开展课题合作，在企业运营管理、项目实施、产品研发、市场营销等多个领域进行深度交流合作。

同时，朗坤每年为广大在宁高校学子提供实习基地和学习机会，帮助他们提升工作能力，培养良好的职业素养。不仅如此，朗坤还定期举办开放日活动，邀请在校大学生走进朗坤了解工业信息化知识，体验先进技术带来的产业更新，加深对朗坤事业的认知。

此外，为了给企业持续发展提供源源不断的后备力量，朗坤还制定了招才引智的"雏鹰计划"，将年轻人才引进企业进行系统化培养，力求培养出一批具有国际视野、战略思维和创新精神的优秀人才。

4. 数智实践

（1）朗坤助力重资产流程工业数字化转型创新实践

20多年来，朗坤坚持核心技术自主可控的创新道路，着力提升关键核心能力，加强重点技术攻关，在"交钥匙"设计理念指引下，聚焦企业数字化转型中的痛点、难点问题，打造了一个开放、标准化的平台体系。

第一，自主安全的核心技术。以强大的IoT感知能力，支持细分领域所有标准工业数据通信协议及主流设备厂家自定义协议；通过智能网关赋予设备自主决策能力，开发适用于重资产行业的智能移动终端；以灵活、敏捷、高性能的平台能力，实现丰富的工具、算法和模型库，将工业技术原理、行业知识、业务模型规则化、软件化、模块化；以微服务架构提高企业应用的开发、测试和部署效率；凭借管理咨询与数据服务能力，通过工业互联网及智能制造信息化咨询服务，帮助客户编制可落地的信息化规划，提供全生命周期的、融合设备机理模型与大数据远程诊断的数据服务。

第二，强大的研发能力。朗坤在不断建设完善研发体系的过程中，形成了支撑业务发展需要的研发模式，以加强研发过程管控，确保产品研发进度可控、质量可靠。2018年，朗坤通过了研发能力成熟度最高等级（CMMI5）认证。朗坤通过融入敏捷研发的理念和实践，加快了产品迭代的速度，提高了团队的创新效率，将创新功能提交给用户的效率提高了 20%。

朗坤参与编制和起草多项国家及行业标准，参与打造国家时序数据库标准、设备管理体系要求标准、电厂标识系统编码标准、工业大数据白皮书、工业云服务标准等。

朗坤通过了多项测评与认证。2018 年 11 月，朗坤 Trend DB 时序数据库系统软件与腾讯云、阿里云、百度、华为等巨头的软件一同参加工信部 DCA 时序数据库测评，成为各项测评全部通过的产品之一；2019 年 11 月，入选由工业互联网产业联盟编制的《工业互联网平台白皮书（2019 年）》；2020 年 9 月，被评为江苏省 "5G+ 工业互联网测试床" 示范项目。

第三，丰富的产品线。朗坤在业界率先提出 "基建与生产、生产与实时、业务与财务、业务与绩效、集团（分公司、子公司）与工厂、地上与地下空间管理一体化" 管控模式，打造自主研发、投建营一体化信息平台，实现集团级项目投融资、建设、运营全流程、全生命周期、一体化管控，在一个平台上实现从投资、建设到运营的一体化智能工厂新模式。

朗坤打造了涵盖边缘层、平台层、工业应用层的完备工业互联网，形成了从设备设计、生产制造到运维检修、专家远程服务的设备云生态，构建了连接企业上下游的供应链生态，打通了包含融资租赁、不良资产处理等服务的产融结合生态，帮助众多工业企业提高资产管理能力，降低资产运维成本，增强服务客户能力，提高企业经营效益。

（2）实践成果

近年来，朗坤在数字化转型领域特别是智能制造及工业互联网等领域做了一些探索和实践，有多个获得国家发改委、工信部试点示范的标杆项目。朗坤苏畅工业互联网平台是一个非常重要的实践成果。

朗坤依托在工业领域 20 多年的行业知识沉淀、1 000 多家大型客户数字化转型服务经验，自主研发了朗坤苏畅工业互联网平台。该平台是一个技术先进、拥有行业影响力的基础共性工业互联网平台。该平台拥有著作权 55 项、技术发明专利 6 项，参与制定相关标准 6 个，目前已经跻身国内一流工业互联网平台行列，是全国首批经过工业互联网产业联盟认证的四星级平台之一。

苏畅工业互联网平台是一个技术自主受控的工业互联网平台。该平台已实现"去 IOE"，其中时序数据库等工业互联网核心基础组件打破了美国 PI 等厂商的长期垄断，累计为国内工业企业管理了上亿测点，处理数据总量超过 1 000 TB。

苏畅工业互联网平台包含边缘设备接入、工业数据智能、工业 App 开发管理、工业安全服务等技术体系，形成了一个汇聚工业企业、行业专家、开发者、生态伙伴的开放生态。目前，该平台提供 531 个工业 App，涵盖设备管理类工业 App、生产过程管控类工业 App、安全管理类工业 App、设备故障诊断类工业 App、生产运营类工业 App、经营优化类工业 App、建模工具类工业 App。该平台能够为企业提供从研发设计、生产制造到运维服务、经营管理等的一站式数字化转型服务。

5. 复盘

（1）主要经验

第一，朗坤将信息技术与管理现代化有机结合，利用工厂工艺建模技术、数据采集技术、实时数据处理技术、管理和实时大数据融合技术等手段帮助客户构建智慧工厂；打造一体化信息平台，从设计到施工到运维都放到一个平台上构建，进行全生命周期管理；通过全过程的监督、监控，避免出现信息不对等、信息孤岛等现象，帮助企业优化资源配置，降低运维成本，实现全流程、全生命周期的精细化管理。

第二，朗坤致力于智能化研究，通过数据中心、公共信息平台、地理信息技术、IoT 感知技术、工作流协同技术、移动应用技术的全面整合，实现园区建设、运维的立体可视化管理。朗坤智慧园云平台融入"互联网 +"模式，通过公共云或私有云，将园区监督管理、公共服务业务和企业经营生产业务布置在云端，降低园区和企业信息化的设备投入和运维成本。

第三，朗坤面向多群体、多单位，建立智慧城市综合管理指挥中心，充分利用通信与信息手段感测、分析、整合城市运行核心系统的各项关键信息，对包括民生、环保、公共安全、城市服务、工商业活动在内的各种需求做出智能响应；建立城市运营管理生态体系，打造一整套全新的智慧城市建设、管理与运营模式，为政府、民众提供全方位的应用服务。

（2）重要教训

在国家政策的引导下，国内工业互联网发展正步入快车道，全力打造经济转型新动能。工业互联网整体的建设已由原来的应用试点阶段进入场景更为丰富、数据价值挖掘更深入的应用推广阶段。朗坤作为国内知名的工业互联网领域平台提供商和大数据运营商，正努力推动工业 IoT、AI、大数据与现代重资产流程行业深度融合，但在推动智能化发展之路上仍然面临众多挑战。

- 经营理念的挑战：传统重资产流程企业的管理精细度还有待提高，重硬件、轻软件、重建设、轻运营的问题仍然存在，精细化管理水平及能力亟待突破。
- 设备管理层面的挑战：随着自动化程度越来越高，设备复杂度和管理难度也逐步增加，如何保障设备安全可靠地运行、提升设备的利用率、促进设备保值增值也是重大挑战。
- 安全生产的挑战：安全是根本，要想通过数字化手段将人和物的不安全因素统一管理好，就要提升重资产流程企业的安全生产水平。
- 人才培养的挑战：人才培养难，实践经验有待进一步丰富，专家知识难以传承。如何通过智能化手段减员增效，将一线专家知识通过数字化手段进行传承，也是急需突破的难点。

（3）生态启发

一是要认清形势，认识到加快工业互联网发展的必要性和紧迫性，顺应产业变革趋势，契合国家战略部署，通过承办的工业互联网标杆项目，示范和引导工业互联网向更广领域、更高层次发展。

二是要明白价值，认识到苏畅工业互联网平台项目的意义和价值，这不仅有利于整合各方的资源特长，有利于落实国家、省、市的战略部署，还有利于对企业数字化的支持。

三是要加快推进、合力推动苏畅工业互联网平台项目建设，通过各方协同，共同把苏畅工业互联网平台体系打造成为全国乃至全球一流的工业互联网平台体系。

案例6 安元科技股份有限公司：国家级专精特新"小巨人"企业，助力化工新材料等行业数字化转型

1. 业务结构

（1）企业主业

安元科技股份有限公司（以下简称"安元科技"）创立于2003年6月，是国家级专精特新"小巨人"企业。安元科技是依托南京工业大学的产学研一体化的高新技术企业，深圳创投集团、前海母基金、松禾资本、国中创投、讯飞创投、南京创新投、江北科投、远方资本、上凯创投等大型知名创投机构均参与了战略投资。安元科技汇集了人数多达600多名的由教授、博士、硕士组成的涵盖云计算、IoT、大数据、安全工程、应急管理等领域的高级人才团队，致力于国内领先的工业互联网、工业IoT、工业大数据等产品和技术研发及产业化建设。其研发的核心产品和技术获得国家科技进步奖与多项省部级奖励，被国家应急管理部、工信部、科技部等部委重点推荐，已在全国十几个省得到了广泛应用。

目前，安元科技旗下的全资子公司、控股子公司和参股子公司有20多

家，覆盖全国 20 多个省，为全国 1 万多家化工新材料企业、20 多个化工新材料园区提供"工业互联网＋安全生产"和"工业互联网＋智慧园区"等数字化转型服务。

（2）数字业务

安元科技始终坚持自主创新、原始创新，已经形成了"1+5+N"的自主技术体系及服务业务（包括一个国家级行业特色工业互联网平台），为行业数字化转型提供了国产化可控底座平台；同时提供"工业互联网＋安全生产""工业互联网＋智能工厂""工业互联网＋化工（工业）园区""工业互联网＋应急管理""工业互联网＋行业数字化"等五大数字化转型服务；还研发了多种自主可控的工业智能物联设备，为行业数字化转型提供了高效、低成本、安全的实时数据接入及边缘计算服务。

（3）发展目标

安元科技作为多个国家级科技支撑平台承担单位，始终秉承"让城市与工业更安全、更智慧"的企业使命，提供智慧城市、智慧园区、智慧企业的整体解决方案；通过不断的战略创新、组织创新、技术创新、模式创新、服务创新，将自身打造为工业互联网全要素型集团公司。安元科技未来几年的发展愿景是，为万家工业企业"智改数转"提供平台并为其产品赋能，为万家化工新材料企业本质安全提供产品和服务，为百个化工园区高质量发展提供智慧平台及运营服务。

2. 面临的挑战

（1）统一技术底座的挑战

企业在数字化转型的过程中要面对已有的各类异构系统到底是重构还是利旧的问题，很多企业都存在困惑或转型包袱：如果利旧，那么看似一时的数字化转型投资会减少，可以"缝缝补补又三年"，但带来的是长期痛苦（例如，老系统技术架构难以升级、维护成本高、需求响应慢、各个异构系统及业务数据难以真正融合打通）；如果重构原有系统，一时的数字化转型投入就会大一些，而且需要对数字化转型进行顶层设计，如何科学地评估和选择适合企业自身发展战略的数字化底座平台是一个关键问题。

（2）标准化和差异化的挑战

不同行业的企业由于自身业务模式和经营管理的差异性，在数字化转型的过程中面临着这样的问题：到底选择相对低成本的标准化程度高的产品还是相对高成本的"量体裁衣"的差异化定制？此类问题既困扰着企业，也困扰着数字化服务提供商，如何做到标准化和差异化的有机统一和相对平衡是一个重要挑战。

（3）复合型人才需求挑战

行业数字化尤其是工业企业数字化转型，对既熟悉工业技术又熟悉数字技术的复合型人才需求很大，但现有的高校和职业学校培养的人才及社会人才都很难满足行业需求，这对数字化服务提供商和工业企业来说都是一个重要挑战。

3.数智战略

（1）战略制定

安元科技秉承"让城市与工业更安全、更智慧"的企业使命，基于国家和社会需求及相关政策，结合自身的技术创新和人才结构，制定了"1+4+4+N"组织架构战略和"1+5+N"主营业务战略，聚焦化工新材料等细分领域的企业和园区客户，坚持走"产学研协同创新"之路，与南京工业大学等高校共同建立了科研合作、人才培养、成果转化等产教融合发展模式。

（2）支撑部署

为支撑"1+4+4+N"组织架构战略和"1+5+N"主营业务战略，安元科技建设了多个省部级以上的平台载体，包括国家应急管理部化工过程安全生产重点实验室、国家应急管理部高危行业安全物联网技术创新中心、"工业互联网＋危化品安全生产"国家应急管理部重点实验室、南京工业大学公共安全研究院、江苏省应急管理大数据工程研究中心等；并获得了国家级工业互联网平台认定、国家工业互联网标识解析二级节点运营资格、国家大数据产业发展试点示范项目、国家工业互联网试点示范项目、江苏省智能制造领军服务机构认定、江苏省工业互联网领军培育企业、江苏省现代服务业高质量发展领军企业认定、江苏省先进制造和现代服务业深度融合试点单位等资质及项目，为战略的实施提供了平台保障。

安元科技与南京工业大学等高校紧密合作，发挥江苏省第一批产教融合型试点企业、江苏省优秀研究生工作站等产教融合平台优势，培养"化工＋安全＋数字化"的复合型、实用型行业数字化转型人才。

4. 数智实践

（1）安元科技助力化工新材料行业数字化转型实践

化工新材料行业是我国战略性基础产业，既是民众"衣食出行"的保障，也是航天、高铁、集成电路等高科技发展的基础保障。化工新材料行业包括石化、煤化工、精细化工、材料化工、电子化工、农用化工等细分领域，安元科技围绕这些细分领域组建了既熟悉工业技术又熟悉数字技术的"工业互联网＋安全生产""工业互联网＋化工（工业）园区""工业互联网＋智能工厂""工业互联网＋行业数字化"等产品研发及服务团队（合计超过 400 人），同时针对行业数字化转型的统一工业互联网底座平台（基于统一平台，提供了低代码开发、IoT 接入及服务、AI 算法及分析服务、大数据管理及分析、标识解析接入及服务、工业机理模型及算法、业务快速配置及变更、系统自动化运维、信息安全保障等能力底座）组建了超过 200 人的专业团队，进行了超过 10 年的长期研发和持续迭代创新。

（2）实践成果

在"工业互联网＋安全生产"方面，安元科技为全国近 1 万家企业提供"工业互联网＋安全生产"相关产品及服务，基于统一的工业互联网底座平台，为大型央企、地方国有企业、大型民营企业、外资企业提供私有云产品部署服务，为中小企业提供公有云产品服务，帮助企业持续提升安全生产水平，服务的客户包括中化能源、国家能源集团、山东能源集团、陕煤集团榆林化学、云南天安化工、华友钴业、LG 化学、瓦克化学、巴斯夫特性化学、立邦漆、空气化工、实联化工等。

在"工业互联网＋化工（工业）园区"方面，安元科技为全国 20 多家化工（工业）园区提供"工业互联网＋智慧园区"相关产品及服务，基于统一的工业互联网底座平台，搭建包括智慧安全、智慧应急、智慧环保、智慧能源、封闭管理、智慧公共服务等在内的统一业务应用，为园区安全、绿色、低碳发展提供新基建。

在"工业互联网＋智能工厂"方面，安元科技为多个化工新材料行业的流程型工业企业提供"工业互联网＋智能工厂"相关产品及服务，基于统一的工业互联网底座平台，实现企业多个异构信息化系统的整合和数据融合，建立生产管理、设备管理、能源管理、质量管理、仓储管理、供应链管理等业务的一体化数字化架构。

在"工业互联网＋行业数字化"方面，安元科技与中国人保、中国人寿财产保险、太平等保险公司合作，建立行业"工业互联网＋保险服务"平台，为投保企业提供风险勘察、风险辨识及评估、风险监测预警、风险动态管控等线上线下一体化服务。

5. 复盘

（1）主要经验

第一，行业数字化转型需要统一的工业互联网底座平台，实现已有异构、单一业务系统的高效整合，同时为以后可持续发展搭建统一的数字化底座，解决传统单一业务系统建设模式的弊端（如架构落后、数据孤岛、系统分散、业务孤立），避免重复投资和业务系统僵化。

第二，基于统一的工业互联网底座平台，为行业提供标准化的业务产品，并为细分领域提供差异化产品和服务，实现行业标准化和客户个性化的有机统一，实现行业价值共享，有效控制数字化转型成本。

第三，通过搭建独特的复合型人才培养体系及平台，为产品研发、项目交付、运营服务提供持续的专业人才保障。建设一支真正敬畏工业、懂得工业的数字平台研发及业务产品和服务团队是做好行业数字化转型服务的关键保障。

第四，为客户提供数字化转型诊断咨询、顶层设计、方案设计、数据治理、平台搭建、业务上线、平台运营、人才培训等数字化转型的全方位、全生命周期服务，有效解决传统工业企业"不敢转、不会转、转不起"的问题。

（2）重要教训

目前，国内数字化服务提供商的水平参差不齐，客户自身对数字化转型的认识也五花八门，这导致不少数字化转型解决方案与落地成果差异很大及只比较解决方案价格的现象仍然普遍存在。因此，数字化服务提供商与客户关键决策者针对数字化转型理念、目标、路径、选型等方面进行开诚布公的交流和充分研讨是非常有必要的，这可以避免花费很大精力设计了完整的、专业的数字化转型解决方案，却因为与客户认知不一致、预算有限、需求不减而导致失败或陷入被动的问题。

（3）生态启发

一个行业的数字化转型，需要体系化的"咨询＋软件＋硬件＋服务"数字化转型生态保障，而一家科技公司很难同时具备这些完整的能力，安元科技积极地与华为云、阿里云、中科曙光服务器、麒麟操作系统、南大通用数据库、宝兰德中间件等国产云、国产服务器、国产操作系统、国产数据库等进行相互技术适配并获得认证，为行业数字化转型提供了自主可控的能力体系生态保障。

案例 7　苏州智造：着力"新两化"转型，打响"苏州智造"品牌

1. 数智化现状

（1）发展现状

在数字经济时代，随着新技术的发展及应用，商业运行的数字化、智能化水平不断提高，数字化和智能化相结合形成了数智化。当前，苏州拥有 3 万亿元的工业底盘，但产业大而不强、大而不新，亟待智能化改造、数字化转型（以下简称"新两化"转型）。随着阿里巴巴、腾讯等龙头企业项目先后落户，苏州 2019 年数字经济核心产业增加值高达 3 300 亿元，相比于其他城市拥有更加扎实的数字经济发展基础。苏州不仅是全国首批 5G 网络试点和央行首批数字货币试点城市，还是全省首个区块链产业发展聚集区，全国 15 大工业互联网双跨平台已有 10 个落户苏州，苏州支撑"新两化"转型的优势相比其他城市更加显著。

为响应党的十九届五中全会关于加快数字化发展的要求，抢占数字经济发展新机遇，苏州加快推动数字产业化、产业数字化转型，全面提升政府数字化治理能力，以数字经济赋能苏州高质量发展。2021 年 1 月 4 日，苏州市委市政府召开"苏州市数字经济和数字化发展推进大会"，发布了《苏州市推进数字经济和数字化发展三年行动计划（2021—2023 年）》。苏州将以数字产业化、产业数字化、数字政府建设为主攻方向，建设更具影响力的数字科创、智造和文旅中心，全力建成全国"数字化引领转型升级"标杆城市。

（2）发展目标

未来，苏州将加快推进"新两化"转型，不断提升数字化治理水平，加快建设具有强大影响力的数字科创中心、数字文旅中心和数字制造中心；通过数字赋能，推动苏州高质量发展，打造领先水平的数字融合先导

区、数字开放创新区和数字政府样板区，努力建成"全国数字化引领转型升级标杆"城市；实现到 2023 年苏州全市数字经济核心产业增加值达到 6 000 多亿元，年均增长率达 16% 以上，数字经济领域的有效发明专利累计拥有量达 7 000 件以上，通过《专利合作条约》（Patent Cooperation Treaty，PCT）申请专利数量达到 1 000 件以上的美好愿景。

为建设"全国数字化引领转型升级标杆"城市，苏州立足于实际情况，抢抓数字经济发展新机遇，构建高水平的城市数字经济和数字化发展新体系。一是构建全国领先的数字创新体系。紧紧围绕国家战略部署，以实现关键技术、核心技术自主可控为目标，引进建设一批重大科技基础设施、科研机构和创新平台，加强对关键领域和环节的技术攻关，不断提升创新质量，完善技术标准。二是打造国内先进的数字基础设施高地，重点推进新型基础设施建设和传统基础设施数字化改造。三是打造国内一流的数字化治理高地。全面深化数字创新，加快政府数字化转型，推动"一网通用""一网通办""一网统管"协同发展，不断推进政府治理体系和治理能力现代化。四是打造数字安全高地。加强关键核心领域数据安全保护，推动数字安全保障体系的发展。五是打造国际一流的数字生态高地。全面深化区域协同治理创新，积极融入长三角，引进高端人才，优化产业空间布局，探索打造"数字长三角"新途径。

2. 面临的挑战

（1）生产力挑战

就目前来看，国外数字技术的研发创新处于不断进步的状态，核心技术的研发创新对整个行业都有积极的推动和促进作用。苏州虽比国内其他市拥有更加完整的产业链，但软件等高端人才和专业型人才短缺导致其缺乏创新和核心技术，对外依存度高。以集成电路为例，高端设备和原材料基本上被美欧日厂商垄断，光刻机、光刻胶、电子气体等核心领域没有国内供应商，所需关键核心材料大部分来自国外，供应链受制于人，独立自主开发在一定程度上受到制约。

（2）融合度挑战

苏州数字经济与实体经济的融合度还不够高。大数据、AI和区块链等新兴技术与实体经济的深度融合可以推动苏州智能化改造和数字化转型快速发展，加快苏州制造业高质量发展的步伐。目前，苏州制造业总体偏重于传统产业，专业型技术人才的紧缺导致其缺乏核心技术的研发创新能力，对外依存度高，呈现出大而不强、大而不新的特征，因此急需加快实施智能化改造和数字化转型的步伐。

（3）支撑力挑战

研究制定数字化发展战略规划，加强对数字化发展的战略指导和政策支持，构成了数字产业化、产业数字化强有力发展的保障。苏州的政策支持力度相比于其他发达地区有待增强。苏州的集成电路专项扶持资金与上海、杭州、广州、深圳等地相比，政策支持力度总体上处于中等偏下水平，因此应加大对数字化转型的政策支持力度。建议苏州加强政策宣传力度，全面推动数字化转型高速发展。

（4）安全性挑战

在数字经济发展的过程中，大量信息实现数字化转换，并流通到信息网络中。随着苏州数字化转型持续推进，大数据、云计算等基础应用持续深化，数据泄露、数据安全等网络安全问题频繁出现。数据治理和隐私保护将成为数字化转型道路上的严峻考验，网络安全顶层设计尤为重要。建议苏州打造多维立体的网络安全防线，推动数字经济和数字化高速发展。

3. 数智实践

（1）战略制定

一是推动制造业智能化改造和数字化转型，积极推进信息技术与制造业深度融合，全力打响基于智能的"苏州制造"品牌。首先，强化工业互联网在产业集群的广泛运用，打造全产业链的工业互联网标杆生产车间，打响"工业互联网看苏州"品牌。其次，通过大数据、AI、云计算等新兴技术，推动工业经济高质量发展，打造国内领先的数字制造中心。最后，完善数字化生态服务体系，推进产业资源有效整合，大力推广智能制造顾问制度，切实帮助企业解决难点问题。

二是围绕苏州产业特色和发展需求，持续做强特色产业。在数字文旅方面，促进数字资源融合和线上线下融合，不断开拓文旅产品供给新路径，推动文旅新业态、新模式发展，加速苏州数字文旅数字化进程，实现数字服务全面覆盖。在数字金融方面，抢抓数字人民币试点机遇，促进金融与智能制造深度融合，推动数字金融产业高速发展，积极建设长三角数字金融相城实验室，完善基础设施建设，强化产业聚集效应。在数字电竞产业方面，引进一批国内一流的电竞俱乐部，支持俱乐部主场落户苏州，建设可承办国内外顶级电竞赛事的专业化电竞场馆，打造苏州本土落户的国际赛事。

三是加快推动政府数字化转型，率先建成全国数字政府样板区。首先，积极推进"一网通用"建设。组建专班工作组，落实责任机制，以数据共享为核心，实现跨部门、跨地域、跨系统的协同管理服务，提高行政效率。其次，加快"一网通办"建设。深入推进"放管服"改革，以群众办成事为抓手，切实解决群众办事堵点、难点问题，增强群众办事满意度，实现"一件事一窗办""一件事线上办"和个人"一件事掌上办"。最后，积极推进"一网统管"建设。增加专班工作组成员，加强组织领导，形成上下联动、协同发展的工作局面，逐步完善"一网统管"顶层规划。

四是全面推动重大产业项目建设。依托重要载体，形成专班工作，推进数字经济产业园区建设，吸引一批国内外优秀企业落户苏州，形成竞相发展的良好格局，培育一批本地数字化标杆企业；持续推进市政府与腾讯、华为等龙头企业的项目签约工作，支持企业落户苏州，鼓励龙头企业与本地企业合作。

五是制定出台专项支持政策。制定并出台推动苏州数字化转型和发展的专项政策，强化政策联动，发挥政府部门的引领带头作用，提供更多的资源和资金支持，努力构建多层次、宽领域的保障体系。

（2）战略部署

一是持续推进"苏周到"优化迭代。苏州出台《"苏周到"接入政务服务运行管理暂行办法》《"苏周到"接入政务服务上线发布工作流程》等文件，全面推进政府数字化建设。找工作、自助挪车、医保电子凭证"码上付"等40多项新功能的陆续推出，丰富了服务功能，提升了公共服务的效率和质量。紧贴老年人需求的关怀模式，降低了老年人操作的难度，缩小了数字鸿沟。《"苏周到"服务事项全覆盖任务清单（第一批）》的印发，推进了住房公积金查询、个人社保查询等多个服务事项全域覆盖，提高了群众满意度。

二是全力推动"一区两中心"建设。建设国家生物药技术创新中心、国家第三代半导体技术创新中心、国家新一代人工智能创新发展试验区是实施创新驱动战略、强化战略科技力量布局的重要举措。苏州新一代人工智能创新发展试验区将发挥制造业优势，以苏州工业园区为核心先导区，围绕"AI+制造"、医药、金融和文旅领域，建设融合创新平台，完善创新协同攻关机制。

三是制定推出"三项清单"。将8个工作专班的专项任务要求，按照"三年实现指标的40%、力争实现50%"的原则，分解为77项指标，实现指标的可量化、可比较和可考核；在任务细化的基础上，摸排、挖掘重点项目122个；在重点项目的基础上，明确各项目建设主体和责任单位，通过重点任务、项目、责任三项清单，进一步推动工作落地、落细、落实。

（3）实践成果

自上线以来，苏周到App因其服务多样化、精细化和一体化而备受好评，下载量近400万次，平均日活跃用户量约50万，接入服务事项近300个，荣获2020年苏州市改革创新特别奖项一等奖、2020智慧中国数字政府特色评选50强等多项荣誉。通过持续优化"苏周到"，全面树立数字思维，苏州解决了政务服务领域端口多元、入口分散、App 繁杂的问题，避免了重复建设，提升了财政资金的配置效率。"苏周到"全天候、全方位的服务，提高了用户的满意度，提升了"周到服务、舒心苏州"的品牌价值。

"三项清单"的制定推出，让行动更一致。举全市之力、集全民之智，有助于推进工作中的行动统一、步调一致，形成强大的合力，推动数字化转型发展。量化建成"全国数字化引领转型升级标杆"城市愿景，分解年度目标任务，让目标更加具体。在此基础上，将各项任务逐一明确，重心聚焦、各个击破，让抓手更有力，推动苏州数字化转型高质量发展。

集成电路对数字经济与数字化发展起着关键作用。2020 年，苏州市集成电路产业营业收入达 1 421.48 亿元，增长 27.5%；2021 年第一季度，营业收入增长 43%，利润总额增长 127%，从业人员突破 10 万人，总量呈高速增长态势。此外，集成电路特色工艺及封装测试创新中心等重大平台的建立，有效地激活了产业链联动机制，促进了产业生态持续优化。

4. 复盘

（1）主要经验

健全的工作机制是全面推进"新两化"转型的重要保障。苏州通过成立由市委书记、市长担任双组长的专项工作领导小组，建立推进数字化发展会议制度，全面组织、确定、落实领导小组各项工作任务，围绕数字化转型成立六个推进小组，分工合作、协同推进，形成高效的决策、协调、推进工作机制，落实责任清单，任务层层分解交办、无盲区，快速推进数字经济和数字化发展。

强有力的政策支持是全面推进"新两化"转型的重要支撑。政府的政策支持对企业发展有重要的指引和培育作用。针对"一区两中心"建设，苏州发布《关于支持国家生物药技术创新中心、国家第三代半导体技术创新中心、国家新一代人工智能创新发展试验区加快建设的若干意见》，营造开放创新生态体系，强化创新要素保障和组织实施保障。《苏州市促进集成电路产业高质量发展的若干措施》《苏州市促进新一代人工智能产业发展的若干措施》的发布，推动了集成电路和 AI 的快速发展。

积极融入数字长三角是全面推进"新两化"转型的强大引擎。苏州推进建设昆山国家级超算中心，加快分布计算、边缘计算和超级计算协同发展；依托长三角工业互联网一体化发展示范区建设，合力推进工业互联网发展；稳步推进长三角时尚供应链枢纽数字科技新城等项目，加快与上海自贸试验区合作交流，促进产业协同发展，推动数字化创新发展。

（2）生态启发

一是不断完善新型数字基础设施顶层设计。数字基础设施具有长期性、系统性和全局性等特点，因此需要统筹规划全省乃至长三角地区数字基础设施建设，推动协同创新发展机制，提高跨地区、跨部门合作力度，避免盲目建设，扩大有效投资；立足实际，坚持长期战略与短期计划相结合，推动城市增值增效，促进数字经济高质量发展。

二是以人才创新支撑数智发展。数字化发展涉及跨领域的复杂系统，要求人才从单一领域的专才向多领域的复合型人才转型。数字化转型对人才的需求导致市场供给不足。面对人才难求的问题，一方面要拓宽途径，建设数字化发展急需的产教融合平台；另一方面，校企双方应当实现优势互补、资源共享、深度产教融合，共同探索建设培养适应时代需求的数字化人才之路。

三是积极推动区域数字化协调发展。建设长三角一体化数据中心，以数据要素市场化配置为方向，实现数据资源协调布局，实现数据互联互通共享，积极融入全国一体化大数据中心布局，推动实现合理布局、数据共享和互联互通。

案例 8　无锡智造：拥抱数字化，赋能产业升级发展

1. 数智化现状

全球正进入数字经济快速发展期，产业数智化转型成为数字经济的主引擎。无锡工商业底蕴深厚，2020 年规模以上工业总产值达 17 595 亿元以上，产值超千亿元的制造业产业集群多达 9 个，获得国家级车联网先导区、国家集成电路特色工艺及封装测试创新中心等荣誉，因此相对于其他城市拥有较为扎实的发展基础，但由于人均可使用土地面积较少、土地开发强度较高，经济增长与区域限制之间的矛盾亟待通过推动产业进一步转型升级来解决。

（1）发展现状

近年来，"数字化"被频繁写进政府工作文件，2021 年国务院政府工作报告和国家"十四五"规划纲要均对此做出重要部署。面对数字化浪潮，无锡政府积极推进数字化转型，并结合新阶段发展形势及要求，出台《无锡市工业互联网和智能制造发展三年行动计划（2020—2022 年）》，将工业互联网和智能制造作为重要抓手和主攻方向，推动数字技术与经济发展深度融合。为进一步推动数字经济发展，无锡于 2021 年发布了《实施"十百千万"工程推进企业智能化改造数字化转型三年行动计划（2021—2023 年）》，聚焦 10 条产业链，滚动推进 100 个智能化重点项目，深入实施创新驱动核心战略和产业强市主导战略，推动数字产业化、产业数字化和城市治理数字化，全面提速数字化转型，建设全国数字经济示范城市。

（2）发展目标

据规划，无锡将以数字产业化、制造业数字化、服务业数字化及融合新业态、新模式为核心，以"智能化改造、数字化转型"为主线，不断提升产业数字化水平，大幅增强数字经济技术创新能力，确保实现"十四五"末全市规模以上制造业企业数字化全覆盖、重点骨干企业基本实现数字化

转型目标。到 2025 年，实现 IoT 产业营业收入增至 5 000 亿元，集成电路产业产值达到 2 000 亿元，大数据（云计算）产业收入达到 500 亿元，AI 核心产业规模达到 300 亿元，培育形成 1 ~ 2 个国内领先的工业互联网平台和 3 ~ 5 家智能制造标杆企业的美好愿景。

无锡以建设全国数字经济示范城市为目标，抢抓数字经济发展新机遇，并结合自身发展的实际情况，从试点两化融合，到主攻智能制造，再到大力发展工业互联网和智能制造，经历三个阶段，形成了一条立足产业发展阶段，"点、线、面"全域加速推进的数字化标杆探索路径。无锡将全力打造技术创新能力突出、两化融合成效明显、管理支撑体系健全、总体规模全省领先的数字经济发展新格局。

2. 面临的挑战

（1）生产力挑战

核心竞争力决定了企业发展的广度和深度，影响着企业的生存和长远发展。目前，无锡数字企业大多处于产业链中低端，以引进技术、模仿创新为主，所需核心材料大多来自国外，供应链受制于人，缺乏自主研发能力，在产业发展中处于劣势地位。同时，无锡在食品、纺织等领域的研究能力较强，但在大数据、IoT、AI 等新兴产业领域的研究机构数量较少。此外，无锡的设计业也相对薄弱，2020 年集成电路设计业占比虽上升到 18.6%，但与全国平均水平（42.87%）还存在差距，本地企业在体量上与国内龙头企业还不能相提并论。

（2）支撑力挑战

投资可以给企业带来急需的资金，是企业生存和发展的基本前提。无锡的投资机构以国资为主，投资风格和决策机制都相对保守，缺乏对数字企业投资的长远眼光，导致一些本土数字企业尚在起步阶段就被外地的投融资机构控股、收购甚至迁离无锡。此外，无锡对本市数字经济的资金扶持力度虽不断增强，但与上海、杭州等地相比，总体上处于中等偏下水平，亟待强化。

　　企业的发展离不开人才。随着数字经济在全球范围内高速发展，掌握数字技术并具备工作经验的高层次人才严重短缺，初级数字化人才也供不应求。无锡高校数量较少，虽开设了一些数字技术相关专业，但培养体系与产业升级变化仍不匹配，从业者的专业素养和技能仍不能满足数字化转型需求，数字化人才的培养力度还需加强。

　　（3）引领性挑战

　　无锡数字经济缺乏航母级的龙头骨干企业，不仅缺乏像华为这样的行业领军型企业，像字节跳动等在细分领域拥有核心产品的企业也较少，数字产业处于"有高原、无高峰"的发展状态。无锡由于缺少拥有广泛用户基础的大平台，数据的汇集和应用能力偏弱，在应用模式和深度上较发达地区明显落后，产业集聚力不强。

　　3. 数智实践

　　（1）战略制定

　　一是推进泛在互联的新型数字基础设施建设，通过完善 4G、光纤等基础信息设施，加快布局绿色数据中心、5G 网络等新型基础设施，全面提升数字经济支撑能力。首先，完善信息通信基础设施，优化城市光纤宽带和 4G 网络。其次，加快城市基础设施数字化升级，推动医疗、教育、社保等民生领域基础设施的信息化建设，切实利用信息技术改善和保障民生。最后，加快布局新型基础设施，加快 5G 网络规模建设和商用进程，推动 5G 与大数据融合创新。

　　二是加快推动数字产业化，建成全国数字产业化发展领军城市。首先，巩固提升数字经济关键优势企业，鼓励企业加大科技创新力度，推动 IoT 和集成电路产业快速发展。其次，做强数字经济核心先导产业，积极推动大数据、云计算、AI 和区块链等新兴产业加速发展。最后，大力培育数字经济龙头骨干企业，一方面结合各地区自身特色优势，集中资源引进一批数字经济龙头企业；另一方面加强培育一批本地龙头企业，重点支持郎新科技、华云数据等企业做大做强，提升数字经济竞争力和影响力。

三是加快推动产业数字化，打造全国产业数字化转型标杆城市。利用信息技术加速推进企业智能化建设，提升企业研发制造、经营管理、销售服务等环节的数字化水平；推进信息技术与金融服务、现代物流、文化创新、健康养老等融合发展；推动"农业＋互联网"新业态，发展线上线下协同运营的商务模式；通过充分发挥信息技术在促进传统产业提质增效方面的作用，促进传统产业数字化转型升级。

四是推动政府数字化转型，打造全国领先的数字化治理模范城市。在政务服务方面，建立跨部门数据采集机制，完善政务信息资源目录；围绕政务服务一体化建设要求，优化服务流程，全面实现"一网通办"。在公共服务方面，推进重点民生服务建设，通过推进数字人社、智慧教育、智慧健康、智慧交通等工程，提升公共服务数字化水平。在社会治理方面，推动"雪亮工程"、"互联网＋大数据＋信访"平台、智慧安全无锡等项目建设，全面提升社会治理数字化水平。

五是着力构建数字化人才队伍。充分发挥"太湖人才计划 2.0"政策优势，引进和培育一批兼具深厚理论基础与丰富实战经验的复合型人才；鼓励在锡高校优化数字技术和经济相关专业设置，培育优秀的初级数字化人才；加速促进产教融合，鼓励本地企业和第三方机构建立人才培训基地，加强培育数字经济领域实用型人才。

（2）战略部署

一是不断推动灵锡 App 全面提升。出台《灵锡 App 全面提升工作方案》，全面提升政府数字化水平。在两年内将各级、各部门已建 App 和小程序等惠民服务全面整合到灵锡 App 中，推进一站式城市数字服务平台建设。推行"一码通城、无感通信"在政务服务、交通出行、卫生医疗、文化旅游、城市治理等领域的应用，打造全国领先的"一码通全城"服务平台。推进区块链技术的广泛运用，通过管理和共享电子证照，打造安全可靠的电子证照服务平台。

二是发布实施"十百千万"工程。2022—2025 年，无锡的智能制造将主要围绕集成电路、生物医药和医疗器械（材）等 10 条重点产业链（集群），对接 10 家制造领域智库，以龙头企业为引领，以智能智库为依托，协同推进上下游企业数字化转型。通过每年推进 100 个智能化建设重点项目，创建 500 个数字化转型标杆项目，提升数字化转型供给能力。开展"千企画像"数字化诊断服务，以"一企一策"为原则提供精准服务，推动企业数字化转型升级。同时，鼓励企业设立智能制造实训基地，深度推进产教融合，力争每年吸引、培育万名以上数字化人才。

三是积极推进雪浪小镇建设。一方面，通过举办现场交流推进、政策宣传培训等活动，加大数字化转型的宣传力度；另一方面，积极对接外部资源，通过建设生态小镇，提升产业数字化转型能力。无锡雪浪小镇积极探索"小镇＋平台＋生态＋集群"的发展新路径，促进前沿技术与传统制造业相结合，并依托小镇举办雪浪大会，推动信息技术与制造业深度融合。

（3）实践成果

无锡抢抓数字经济发展新机遇，积极推动实体经济与数字经济深度融合，加快数字产业化、产业数字化和城市治理数字化进程。截至 2020 年末，无锡数字经济核心产业规模达 5 500 亿元，数字经济发展指数位居全国第七；IoT 产业营业收入增至 3 100 亿元，规模位列全省第一；大数据和云计算产业销售收入增至 280 亿元。此外，无锡还累计拥有国家级智能制造示范应用项目 10 个、省级智能工厂 2 个、智能车间 124 个。

灵锡作为无锡市最具数字化便利的终端城市门户，自 2020 年 5 月上线以来，积极推动"一屏智享生活、一码走遍无锡"。截至 2021 年 6 月 30 日，灵锡 App 累计注册用户超过 300 万，日活跃用户量峰值超过 20 万，服务人次超过 1 200 多万，已上线的服务超过 560 项。在银川国际智慧城市博览会上，灵锡 App 获得"社会治理与服务成就奖"，是江苏获得的唯一奖项。此外，灵锡还荣获无锡市首届"民心工程奖"金奖等奖项。无锡围绕灵锡 App

建设无锡一站式政务服务平台，有效地提高了政务办事效率。

无锡通过举办工业互联网和智能制造发展推进会，帮助达成签约合作项目 30 个。同时，XSOM 智能运维平台成功运用于上海、浙江等地，蓝创 Squrrel 云平台在全国 40 多个城市得到广泛应用，本土工业互联网平台向外推广应用提速。

4. 复盘

（1）主要经验

一是坚持政策引领，全面推动数字化转型升级。近年来，无锡以绿色化、服务化、智能化为引领，持续增强政策的引领性和导向性，稳步推进创新驱动战略和产业强市战略。在数字经济领域，《关于大力发展工业互联网深入推进智能改造的政策意见》《关于进一步支持以物联网为龙头的新一代信息技术产业发展的政策意见》等政策陆续出台，大力助推无锡数字化治理、产业数字化进程。此外，无锡还着手研究"十四五"期间推进数字经济高速发展的专项政策。

二是强化督查考核，有力推动数字经济工作任务落实。《无锡市数字经济高质量发展年度任务分解表》和年度工作考核细则的印发，明确了重点工作，通过任务分工建立了责任考核机制，对数字经济发展的重点工作、重大项目进展和各制度的落实情况进行重点督查，推动各级领导抢抓数字化发展新机遇，各地、各部门实施数字经济发展措施，实现数字化转型进程加速。

三是建立"点、线、面"的推进机制，确保数字化转型稳中求进。无锡从起步探索两化融合，到主攻布局智能制造，再到大力发展工业互联网和智能制造，将由点及线、以线带面的推进机制贯穿全流程。无锡通过标杆企业示范引领、同业复制推广，形成了一条"点、线、面"数字化探索路径，为全市企业数字化转型提供指引，确保全面转型稳中求进。

（2）生态启发

一是着力培育数据要素市场。一方面结合各地区、各行业实际情况和社会需求，制定公共数据清单。通过相应的技术要求和工作规范，明确数据质量标准，并依托城市数据中心建立统一开放的数据平台，推动公共数据归集、共享和应用；另一方面以公共数据与互联网数据融合为主题，举办大数据开发和应用大赛，推动公共数据社会化，提升城市治理精细度，促进数据与社会深度融合。

二是营造良好的数字经济产业氛围。投融资对数字经济产业的发展至关重要。一方面，由政府资金引导的基金投资应向数字经济倾斜并提供政策上的优惠，适当降低抵押、质押门槛，满足数字经济产业投融资需求；另一方面，通过协调和整合专项资金，对数字经济关键领域、重大项目进行扶持，加大资金支持力度，培育数字经济龙头企业。

三是扎实做好基础性工作。建议政府指导各地区结合产业实际情况，制定本地区数字经济发展顶层设计文件，同时做好"十四五"规划数字经济专项计划的编制工作，进一步强化顶层设计，着力解决数据规范标准、数据安全等基础性问题，推动数字化转型稳步前进。